**Dans la même collection**

*Les Joies de la ressemblance*
nouvelles de Jean-Louis Rech

*Noir sur Blanc*
nouvelles de Jean-Louis Rech

*Communions privées*
nouvelles de Michel Bellin

*Charme et splendeur des plantes d'intérieur*
nouvelles de Michel Bellin

*Les Enquêtes de Léonidas Pinipidès*
nouvelles de Raoul Tennet

Pour être tenu régulièrement informé de nos publications,
il suffit de nous faire parvenir vos nom et adresse à :
**H&O éditions 65 bis rue Victor Hugo 34500 Béziers**
ou de consulter notre site web : www.ho-editions.com

# Mes désirs font désordre

ISBN 2-84547-061-4

Nicolas Dutriez

# Mes désirs font désordre

nouvelles

H&O
ÉDITIONS

# Cousin, cousin

Tous les Parisiens ont un cousin de province, avec lequel ils ont fait leurs 400 coups de jeunesse, des batailles de polochons ou de boules de neige, des cabanes dans les bois ou dans les meules de foin. Mais tous n'ont pas forcément connu leur première expérience sexuelle avec lui. Mon cousin s'appelle Joël. Il avait dix-sept ans et moi quatorze quand, un soir d'oisiveté en province, sur un grand lit à courtepointe, nous nous sommes frottés l'un à l'autre et avons taché nos pyjamas. Je ne me rappelle pas les détails de l'épisode, mais je n'oublierai jamais la vision et la sensation d'un sexe énorme, doué semblait-il d'une vie autonome et menaçant de crever le tissu entre les jambes de Joël.

Six ans plus tard, je retrouvai mon cousin à Paris, de passage dans la capitale pour quelques heures avant de rejoindre la base militaire où il venait d'être nommé lieutenant. Hétéro notoire, il est cependant toujours resté très ouvert sur la question du sexe et disposé à toute expérience nouvelle. Et, non pas que le personnage soit particulièrement libidineux, le souvenir excitant de cet échange gardé secret entre nous orientait régulièrement nos rares conversations. Visiblement frustré par la vie au régiment, il ne tarda pas, dès le premier verre des retrouvailles dans un café de la gare du Nord, à me raconter sa dernière cassette porno :

– Le mec lui défonçait la chatte, incroyable ! Un vrai pro ! Il pourrait en remontrer à pas mal de petits branleurs, incapables de tenir la distance.

Bien qu'elles m'aient souvent mis dans des situations publiques insupportables, j'ai toujours été fasciné par la verdeur d'expression de Joël et son absence totale de jugement moral. Il n'y a pas de mal à se faire du bien, voilà qui pourrait résumer sa philosophie hédoniste. Tandis qu'il me contait par le menu ces culbutes en vidéo, j'observais comme la vie militaire l'avait gratifié d'une belle masse musculaire et ne doutais pas que celle-ci dut attirer bien des convoitises.

– À l'Armée, ne me dis pas que tu n'as pas l'occasion d'assouvir certains fantasmes…

– Penses-tu ! D'abord, y'a très peu de gonzesses et ensuite, dès qu'on est sous la douche par exemple, les mecs se foutent de ma gueule.

– Pourquoi ?

– Parce que je suis monté comme un âne, pardi !

N'allez pas croire que Joël se vantât. Il énonçait une simple réalité. J'avalai d'un trait le reste ma limonade. Il rota sa bière.

– Qu'est-ce que j'y peux, moi, si j'ai la queue longue et large ? Je vais quand même pas faire un procès à ma mère !

– Laisse tomber, c'est de la jalousie.

– Franchement, j'aurais préféré être gaulé comme tout le monde.

– Mais, euh, au fait, elle est longue… longue, comment ?

– Écoute, y'a encore pas longtemps, je pouvais me sucer tout seul, je peux pas te dire mieux.

– En effet.

Je m'impressionnais moi-même par la qualité de mon self-control. Mais le magnétisme sexuel qui se dégageait de ce corps si bien charpenté et outrageusement gâté par la nature emplissait mon petit corps moyen d'un trouble durable. Je sentais émaner de tout son être un appel tonitruant à la lubricité, auquel je ne pouvais pas humainement ne pas essayer d'apporter une réponse. C'eût été un impardonnable gâchis.

– Et si je t'emmenais dans un centre de relaxation, avec douches, jacuzzi, sauna, hammam ?

– Une thalassothérapie à Paris ?

– Précisément.

– Y'aura des masseuses ?

– Non. En fait, c'est strictement réservé aux hommes. Mais il arrive souvent que certains proposent de faire des massages aux autres, gratuitement.

– Un self-service, quoi ?

– Exactement !

Je tremblais encore de l'audace de ma proposition lorsque nous poussâmes de concert la porte du sauna gay. Dès le vestiaire, il fut évident que mon cousin ne passerait pas inaperçu. Tous les regards se braquaient sur lui tandis qu'il se déshabillait, sans cérémonie, au milieu des minets intimidés, des honteuses affolées et de quelques gym-queens exhibitionnistes. Discrètement, j'avisais sa musculature de bûcheron canadien, son torse glabre et noueux, ses cuisses massives, mais détournai pudiquement le regard quand il baissa son slip kangourou. Joël n'était dupe de rien :

– À mon avis, y'a pas que des camionneurs, ici. Ça flotte pas mal du bas de la jaquette !

Je me contentai de hausser les épaules en rougissant, craignant que cette découverte ne le rebutât. Mais, sans autre commentaire, il termina consciencieusement de plier ses affaires et de les ranger dans le casier fermant à clef, avant de me suivre, les reins ceints de sa petite serviette blanche. On eût dit Samson aux thermes, les cheveux longs en moins.

Dans le couloir aux lumières tamisées, Joël pouvait cependant apprécier la propreté de l'établissement et le confort de ses équipements.

– Vous êtes quand même bizarres, vous, les Parisiens. C'est super luxueux ici, ça sent le fric à pleins naseaux, et pourtant vous allez rogner sur les serviettes ! Elles sont si petites qu'on fait à peine le tour de la taille avec. Et regarde celui-là, on lui voit la raie ! Oh, la honte !

Je me demande encore aujourd'hui si Joël est carrément naïf ou doué d'un sens inné de l'ironie.

Escortés par les regards langoureux et les soupirs d'admiration, nos pas nous guidèrent naturellement vers une première salle de douches. J'en profitai pour vérifier à la dérobée que mon cousin n'avait pas exagéré sur ses attributs et qu'il faisait mentir le dicton selon lequel tout paraît plus grand dans les souvenirs d'enfance que dans la réalité ! Nous ne restâmes pas longtemps solitaires. Surgi du dédale, un seul visiteur osa risquer la comparaison en se douchant près de Joël : un Antillais baraqué comme un lanceur de poids olympique. Comme il se savonnait ostensiblement l'entrejambe, force fut de constater qu'il était presque aussi bien pourvu que mon cousin. Personnellement, je jubilais du spectacle de ce duo Noir et Blanc, mais commençais aussi à me sentir de trop. Je m'éclipsai donc, en indiquant à Joël qu'il pourrait me retrouver au sauna tout proche.

Il ne tarda pas à me rejoindre dans la pièce en bois où j'avais déjà entamé une belle suée. Faussement innocent, je demandais si tout s'était bien passé.

– Très sympa, ce Black. Pour une fois que je croise un mec dans mes dimensions ! Il voulait même me savonner, mais j'ai dit non.

– Pourquoi ?

– Écoute, j'étais très gêné pour lui : il triquait à mort ! À sa place, j'aurais plus su où me mettre.

Sur le banc d'en face, on entendit pouffer. Joël regarda l'importun de travers, sans comprendre ce que ses propos pouvaient avoir de réellement comique. Je posai la main sur son bras pour l'inviter à dédaigner l'impolitesse. Mais la présence de mon cousin continuait à provoquer des attitudes surprenantes. En effet, notre compagnon de sueur, la cinquantaine bien tassée, entreprit bientôt de s'agiter sur son banc afin de retenir notre attention. Le bois de pin grinçait sous le trémoussement de ses lourdes fesses. Ayant conservé sa serviette autour des reins, il écartait les cuisses, sous prétexte de ventilation, pour nous offrir une vue imprenable sur ses parties intimes. À vrai dire, ce panorama n'avait rien d'exceptionnel : une queue flageolante, aux dimensions tout à fait moyennes, encadrées de couilles pendantes, la seule originalité de l'ensemble étant d'être entièrement rasé. Bien loin de l'exciter, cette attitude de harcèlement finit par provoquer l'énervement de mon Joël. Je redoutais à tout instant une réaction explosive et incontrôlable. Sans crier gare, mon cousin se leva d'un bloc, manquant de se cogner au plafond bas.

– Tu viens ? Ça devient irrespirable, ici !

Et au moment de rajuster sa serviette, il la déploya largement sous le nez du type qui, devant ce déballage hors norme, faillit déloger son dentier. Le fou rire me prit en claquant la porte du sauna. Plus agacé que véritablement énervé, Joël se laissa gagner par mon hilarité et nous reprîmes notre promenade initiatique, bras dessus bras dessous.

Étape suivante, le jacuzzi était déjà occupé par deux autres baigneurs. Mais, sans surprise, place nous fut aussitôt faite. Joël appréciait autant que moi ce chaud bouillonnement où l'on se détend en se laissant ballotter les balloches et le reste dans le jaillissement ininterrompu des bulles. Il s'allongea autant que le lui permettaient les dimensions du bain, reposant sa nuque sur le bord et laissant son menton tremper. Mon voisin, de belle mine, se montra entreprenant après quelques frôlements de cuisses bien accueillis. Je sentis sa main remonter de mon genou jusqu'à mon bas-ventre, ses doigts me décalotter et me gratifier d'une branlette dans les règles de l'art. Le garçon étant doué, je le récompensais de caresses réciproques.

Nous étions déjà bien avancés dans notre processus de co-jouissance, lorsque j'entendis à ma gauche tousser mon cousin. Croyant à une quinte naturelle, je n'y prêtai pas attention. Mais il toussa à nouveau. Cette fois, je l'interrogeai du regard. Il me désigna ses jambes du menton, d'un air contrit. Je ne comprenais pas.

– Je sais qu'on est cousins, mais quand même…

– Quoi « quand même » ?

– Ben, tu voudrais pas retirer ta main de ma bite ?

Aussitôt, je levai ma main gauche, innocente et désœuvrée. Comprenant sa méprise, Joël se retourna sur son autre voisin, un minet avide de sensations fortes, qui lui rendit un sourire crispé. Il le regarda d'un air très sérieux et lâcha à haute voix :

– Tu serais pas pédé, des fois ?

L'autre en fut tellement mortifié qu'il s'écarta immédiatement, sans chercher à savoir s'il s'agissait d'une mauvaise plaisanterie. Contenant mon rire, je me décidai à sermonner Joël, avant qu'il ne déclenchât une émeute.

– Sois plus discret… Il ne te voulait aucun mal. Et puis, c'est parfois sympa, un bon coup de main.

Je clignai de l'œil en lui désignant l'activité subaquatique que son esclandre venait d'interrompre provisoirement entre mon aimable partenaire et moi. Joël me regarda, le regarda, regarda les bulles entre nous, et rougit de confusion. Comme s'il venait d'avoir une révélation.

– Tu as peut-être raison.

Alléluia! Mon cousin semblait maintenant regretter l'éloignement de son jeune voisin. Je le vis bientôt se transformer en véritable bombe sexuelle, allumant ouvertement le garçon qui n'espérait pas un tel revirement. Il se leva du bain tel un Apollon surgissant des eaux, colla son bassin ondulant sous le nez du mignon, joua vicieusement de sa serviette et susurra:

– J'ai envie de prendre une douche.

Devant de telles promesses, le minet saliva, déglutit péniblement et bondit du jacuzzi sur les talons du colosse. Les quelques témoins de la scène mirent quelques secondes à retrouver leur sens commun. Je dus attraper la main de mon voisin déconcentré pour le remettre illico à l'ouvrage.

J'avoue que je bâclai ma petite affaire, plus pressé d'observer la suite des aventures de mon Joël. Me postant à l'angle du couloir, je le découvris arc-bouté sous la douche, son membre à demi englouti dans la gorge du minet à genoux qui, en dépit d'un évident savoir-faire, semblait à tout moment sur le point de s'étouffer. Très excité, mon cousin enchaînait les coups de reins avec une sensualité animale, s'agrippant d'une main aux cheveux du pompeur et de l'autre au tuyau de douche. Le plus touchant était la résistance de sa pudeur, inattendue en un tel lieu. De ma position, je l'entendais gémir et répéter alternativement:

– Fais vite – oh c'est bon – quelqu'un peut venir – oh oui – attention, on va nous voir – comme ça, à fond, oui!

À ce rythme, il atteignit rapidement la jouissance. Il gicla et arrosa d'un sperme épais le visage du jeune homme, en extase devant le dieu incarné.

Le temps de retrouver une contenance, je rejoignis le couple sous la douche. Le jeune homme continuait de lécher le torse de son héros. À ma vue, Joël se dégagea en douceur.

– Ça va ?

– Super bien, j'adore cet endroit ! Je pourrais rester des heures sous la douche. À la caserne, elle est toujours froide.

Jaloux de notre complicité, le minet termina de se doucher, s'essuya soigneusement et prit congé avec dignité. Joël le laissa partir sans commentaire. Venant de jouir, il tentait maladroitement de me dissimuler sa queue qui pendait généreusement jusqu'à mi-cuisse.

– Et tu avais raison, ils sont toujours prêts à rendre service, ici.

J'avais envie de le serrer fraternellement dans mes bras.

– Tu as l'air épuisé. Si tu veux te reposer, tu peux t'installer dans une cabine et t'allonger sur le matelas.

– Ouais, pourquoi pas.

– Et si ça te dit, je te trouve même quelqu'un pour te masser.

– C'est vrai, tu ferais ça pour moi ?

– Évidemment.

Pour obtenir une place, je dus déloger un adipeux en position de levrette, qui semblait attendre le miracle de la soirée et qui me maudit à mots couverts de me voir en si gratifiante compagnie. Après avoir essuyé le matelas de ma propre serviette, je laissai Joël s'étendre de tout son long et lui promis de revenir vite.

Après deux tours de couloirs, je jetai mon dévolu sur un beau brun aux yeux clairs, le corps ferme et tonique, des muscles longs, le torse légèrement poilu. Il me considéra avec méfiance. Je ne m'embarrassai pas de politesse :

– Actif ou passif ?

– Activement passif.

– Parfait ! Je voudrais que tu t'occupes de mon cousin. Suis-moi.

Il pensa sans doute qu'il n'avait rien à perdre et m'emboîta le pas. Devant la cabine de Joël, je le mis en garde :

– Il est très en demande, très gâté par la nature, mais très timide. D'accord ?

J'entrebâillai la porte, il jeta juste un œil, puis me dévisagea avec une expression de gratitude infinie :

– Avec plaisir !

Aussitôt le type introduit dans la place, je m'installai dans la cabine voisine, que je savais pourvue d'un gloryhole, orifice percé dans la paroi qui me permettrait de ne rien perdre des ébats.

Le beau-cul-belle-gueule se révéla particulièrement gourmand, imposant toutes ses envies en donnant seulement l'impression de les proposer. Masseur et massé étaient entièrement nus et je compris vite, sans être un connaisseur des salons asiatiques, ce que pouvait signifier la technique du body-body. Enfourchant d'office le dos de mon cousin, appliquant ses paumes écartées, il commença à le pétrir comme de la pâte sans levain, stimulant chaque centimètre de peau, depuis les épaules jusqu'à la plante des pieds, en passant par un nombre impressionnant de muscles dont j'ignorais jusqu'à l'existence et qui, chez Joël, revendiquaient chacun leur part de relief. Puis avec souplesse et audace, il frotta son propre côté face contre le côté pile de ce corps plus large que le sien. Dans les bruits de succion produits par leurs sueurs mélangées, il semblait vouloir communiquer par chacun des pores de leurs épidermes superposés. L'effet visuel était torride. Après plusieurs minutes de ce traitement, mon Joël semblait comme chauffé à blanc, lâchant de curieux gémissements.

– Ça va?

– Oh oui, c'est bon!

Il prit appui un instant sur son avant-bras pour remettre la chose en place entre ses jambes et le matelas.

– Ça détend bien… Ça tend aussi!

– Pas de problème, laisse-toi aller.

Le masseur changea alors radicalement de technique. Après le full contact, il se limita à de subtils et brefs touchers qui, sur cette peau électrisée, eurent l'effet d'autant de décharges. Un simple effleurement sous l'aisselle secoua le dos de Joël d'un long frisson, une simple glissade du doigt le long de ses côtes flottantes le fit se cambrer comme une chienne en chaleur. L'autre appliqua ensuite une caresse d'une sensualité irrésistible: il promena le gland turgescent de sa queue contre le dos de son partenaire, partant du cou, musardant le long des vertèbres, explorant la raie des fesses, remontant par l'autre flanc.

Puis il emprunta le même itinéraire, en y mettant cette fois la langue. Encombré par une érection spectaculaire, Joël se tenait désormais à quatre pattes. Fasciné par la découverte de tels bijoux de famille, l'autre ne résista pas longtemps avant de plonger la tête la première entre ses cuisses, se retournant sur le dos pour téter goulûment. Mettant en action son fameux jeu de reins, mon cousin lui baisa la bouche avec une impétuosité maîtrisée. Le baisé n'émettait plus que des gargouillis de volupté, pinçant les tétons saillant du torse en surplomb.

Soucieux de se réserver d'autres jouissances, le beau gosse se désemboucha et repoussa doucement Joël, qui se retrouva assis sur les talons, le sexe en étendard. Avec une dextérité qui me fascina, l'autre attrapa sur une tablette une pochette carrée, en extirpa un préservatif, qu'il enfila sur l'objet de son désir, saisit une autre pochette, bascula les jambes au-dessus de ses épaules, lubrifia de deux doigts son anus et s'offrit sans vergogne. Surpris par cette invitation dépourvue d'ambiguïté, mon cousin hésita, avança maladroitement pour tenter de s'emboîter. Il ne devait pas viser juste, car il fallut que l'autre prît les choses en main pour que leurs corps s'encastrassent correctement. Le pénétré poussa un cri – auquel je compatis sincèrement – souffla abondamment, puis s'empala plus profondément, encourageant de ses mains les fesses du pénétrant.

Joël partit alors pour une chevauchée fantastique, au cours de laquelle il n'oublia pas de ménager sa monture, passant alternativement du pas, au petit trot, jusqu'au grand galop. Sans ménager son effort, pendant de longues minutes, il laboura cet arrière-train de son formidable soc. Le trou dans la paroi ne m'autorisait qu'une vision parcellaire de l'enculage, mais je résistais bravement à la tentation de passer la tête par-dessus la cabine, dans la crainte d'être repéré. La vue du cul de l'un cognant celui de l'autre était aussi excitante que celle de la bouche grimaçante de l'un au-dessus des yeux de l'autre, révulsés d'extase.

Ce n'était peut-être pas que de l'extase, car le beau brun freina soudain des quatre membres.

– Attends, j'ai l'impression que tu vas tout me déchirer… On fait une pause, d'accord ?

– Oh, désolé, d'accord, bien sûr.

Mon pauvre cousin en fut tout contrit, ressentant sans doute à nouveau le malaise d'être rejeté pour son physique hors norme.

– J'espère que je ne t'ai pas fait mal.

– Non, ne t'inquiète pas, c'est juste… trop bon !

Ils étaient en sueur et je croyais voir monter de la cabine des petits nuages de condensation. Moi-même, j'étais en nage. Évitant la position assise, le beau gosse fit quelques pas, les jambes arquées. Puis, touché par l'embarras de Joël, lui fit une proposition alléchante.

– Si tu veux, je demande à un copain de nous rejoindre. On ne serait pas trop de deux pour s'occuper de toi comme tu le mérites.

– C'est vraiment très gentil de ta part, je veux bien !

– Je reviens de suite.

Je me demandais encore si j'avais bien compris, lorsque j'entendis la porte de la cabine s'ouvrir et des pieds nus s'éloigner prestement. Il ne reviendrait pas, j'en étais convaincu. Il avait trouvé cette excuse pour échapper aux coups de boutoir de mon marteau-pineur de cousin, que j'allais devoir rejoindre pour le consoler. Mais, alors que je piétinais dans le couloir, le BCBG déboucha, revenant comme promis, en fort belle compagnie. Le nouveau venu était presque son exact opposé, un blond aux yeux foncés, au corps plus fin, à l'allure générale plus gracile. Dans la seconde où je croisai son regard, je vis cependant une avidité qui n'avait rien d'éthéré. Ils entrèrent tous les deux sans frapper.

– Tu ne m'avais pas menti : belle bête !

Le Brun eut à peine le temps de procéder aux présentations, Joël de saluer l'invité, que le Blond l'allongea d'autorité sur le dos, le suça avec empressement pour lui redonner vigueur et raideur, mit en place une capote et s'assit directement sur la queue insatiable. En deux, trois mouvements du bassin, il avait aspiré en ses entrailles la totalité du membre. Son propriétaire en fut le premier stupéfait. La casaque blonde entama alors une cavalcade ébouriffante, coulissant sur son pivot en se penchant tantôt en avant, tantôt en arrière. Se cassant le cou, Joël regardait avec fascination son sexe entrer et sortir du fondement dilaté.

Se découvrant une ardeur nouvelle, le garçon brun s'occupa consciencieusement des tétons toujours dressés de Joël. De plus en plus intéressé par les voies postérieures, mon cousin interrompit la manœuvre pour attraper de ses larges mains le cul du Brun, le hisser, le coller sur sa bouche et l'explorer de sa langue baladeuse. Se retrouvant inopinément face à face, les deux invités en profitèrent pour se rouler de magnifiques pelles baveuses.

Ils firent ensuite preuve d'une belle inventivité. Se mettant debout au-dessus du ventre de Joël, qui se redressa pour ne pas lâcher sa proie, le Brun tendit sa queue revigorée au nouveau venu. Ils formaient ainsi un triangle infernal où chacun cumulait deux activités parallèles : mon cousin pilonnant un premier cul et en bouffant un second, le Brun se laissant manger par une bouche et sucer par une autre, le Blond s'empalant la bouche sur une première bite et le cul sur une seconde. Même au Cirque de Pékin, je n'avais jamais vu une cascade aussi inspirante.

L'orgasme aurait pu venir à cet instant, j'aurais eu l'impression d'avoir vécu le plus beau matage de ma vie. Mais il semble qu'Éros avait décidé de se surpasser. Alors même que notre triangle finissait par tourner bien rond, la porte de la cabine s'ouvrit à l'improviste. Les derniers entrés avaient omis de pousser le verrou ! De mon poste, je ne vis d'abord qu'un bas-ventre tendant son sexe, moyen mais large, déjà prêt à l'ouvrage, encadré de poils frisottés. La peau était mate et satinée. Quand je pus voir le visage, je découvris le minois viril d'un petit Beur, qui ne manquait ni d'aplomb ni d'humour.

– J'ai vu de la lumière, c'était ouvert, je suis entré ! Je peux jouer avec vous ?

Les visages se tournèrent vers Joël, comme si c'était lui le propriétaire des lieux et maître du jeu. Celui-ci pencha la tête :

– OK, si tu veux… Mais ferme la porte derrière toi. Cette fois, j'affiche complet !

Je reconnus bien là mon Joël, toujours prêt à partager ! Les deux autres se montrèrent beaux joueurs et tout disposés à élargir le cercle – à noter que leurs cercles à eux ne risquaient pas de s'élargir davantage suite aux performances de notre champion. Le nouveau programme s'annonçait corsé. Il débuta comme le butinage de trois abeilles sur un pot de miel : le Beur sur les tétons de Joël, le Blond sur sa bite, le Brun sur son cul. Après cette mise en bouches, le dernier venu se révélant exclusivement actif, à l'instar de mon cousin, les rôles furent redistribués en deux équipes interchangeables, celle des enculeurs et celle des enculés. Les premiers défonçaient allégrement les seconds qui, face à face et à quatre pattes, se divertissaient par des duels de langues. Inutile de préciser que la température ambiante avait encore grimpé de quelques degrés, transformant la cabine en véritable étuve. Les membres se mêlaient et s'interpénétraient comme les pistons d'une machine bien huilée, dans un concert de peaux claquées et de râles irrépressibles. Malgré l'inconfort durable de ma position, je n'en perdais pas une miette.

Comparé au Beur qui avait pourtant l'avantage d'être récent dans la partie, mon cousin montrait une endurance que je ne manquais pas de noter au passage. Ce furent les deux autres échangistes qui montrèrent les premiers signes de fatigue. Quand ils empoignèrent leurs sexes respectifs, toujours lutinés par leurs arrières, je compris qu'ils cherchaient une issue proche à cette insoutenable séance de plaisir. De mon côté, je plaquai les mains sur la paroi pour éviter de les imiter. Quand ils jouirent, presque en même temps, ils se laissèrent rouler sur le côté, signifiant ainsi qu'ils se retiraient définitivement du jeu.

Il ne fallut pas longtemps aux deux derniers protagonistes pour décider de la façon de poursuivre leurs ébats. À mon grand étonnement, Joël tourna son puissant fessier en direction de la bite nord-africaine, qui ne fit pas de manière pour s'introduire. Le Beur mit toute sa puissance à lui ramoner le siphon.

Cependant, je m'aperçus bien vite, en considérant l'expression de mon cousin, qu'il n'était pas pleinement satisfait de cette possession. Il ruait de l'arrière-train pour amplifier la manœuvre, poussait des épaules contre le matelas pour s'ouvrir davantage. Mais cela ne semblait jamais assez à son goût. Je le voyais, frustré, perdre patience et en oublier les règles de courtoisie :

– Alors, tu me défonces ou quoi ? Je sens rien du tout !

L'injonction produisit l'effet exactement inverse, puisque le Beur s'autorisa aussitôt à lâcher la purée. On ne pouvait décemment pas l'en blâmer.

Mais je me sentais contrarié, par compassion pour mon cousin, qui n'avait pas trouvé un outil de jouissance à sa démesure. Une idée géniale me traversa soudain l'esprit... Mais bien sûr, comment n'y avoir pas songé plus tôt ? Il n'y avait plus une minute à perdre !

Sorti de mon observatoire, je me retrouvai dans le couloir. Quelle surprise, celui-ci était littéralement obstrué par un enchevêtrement de corps en rut, de formes, d'origines et d'âges divers et variés. Attirée comme des papillons de nuit à la lumière, par les bruits et odeurs alléchants s'échappant de la fameuse cabine jouxtant la mienne, la majorité des clients du sauna s'était massée sur le seuil et, gagnée par l'excitation qui électrisait l'atmosphère, avait improvisé une partouze géante. Une truie n'y aurait pas retrouvé ses gorets. Sodome et Gomorrhe sur trois mètres carrés ! Autant de fellations et de sodomies qu'au temps de la Rome décadente ! Mais l'heure n'était pas au reportage live.

Le couloir finissant en impasse derrière moi, je n'avais d'autre choix que de me jeter dans la mêlée. Je risquai prudemment une jambe, puis deux. Aussitôt, une bouche s'arrima à ma queue bandouillante. C'était comme s'attaquer à une pieuvre géante qui vous empoignait de toutes ses ventouses ! Déjà un doigt s'insinuait dans mon intimité, d'autres lèvres s'apprêtaient à me travailler les seins quand soudain, dans un dernier sursaut de lucidité, j'aperçus une cuisse. Pas n'importe laquelle, une cuisse musclée. Et noire ! C'était mon homme, j'en étais sûr. Éros ne m'avait pas abandonné !

J'empoignai la jambe en question, comme pour un plaquage au Stade de France, la remorquai vers la sortie. Cédant quelques pouces de terrain, elle résistait encore. À tâtons, je remontai jusqu'au bas-ventre et y trouvai, comme prévu, le point d'ancrage : une bouche comme station de pompage en pleine activité. M'avançant plus profond, je trouvai le nez appartenant au suceur, en pinçai les narines, provoquant ainsi le déverrouillage des lèvres. Des deux mains, je m'arrimai à la queue phénoménale enfin dégagée. Fort logiquement, le reste du corps suivit aussitôt.

Le colosse de couleur, celui-là même – vous l'avez compris – qui avait entrepris Joël sous sa première douche, protesta brutalement contre cette réquisition. Esquivant ses taloches, je parvins à lui expliquer l'affaire, sans lui laisser le temps de me rectifier le portrait. Gagné à ma cause, il m'aida à repousser la masse licencieuse pour dégager la porte de la cabine, sur laquelle je m'empressai de tambouriner.

– Joël, c'est moi, ouvre!

Le verrou joua et mon cousin apparut, tout d'abord effaré par l'incroyable pugilat se jouant dans mon dos.

– Mais c'est quoi ce bordel?

Sa voix de stentor figea les partouzards aussi instantanément qu'un rayon paralysant. J'en profitai pour expliquer:

– Regarde qui je t'amène: je crois que je t'ai trouvé le bon calibre!

Identifiant rapidement le dernier visiteur, Joël eut pour moi un regard de reconnaissance émue.

– Tu es vraiment le meilleur des cousins!

Sans demander mon reste, je poussai l'autre à l'intérieur, me ruai dans ma cabine, dégommai d'un coup d'épaule l'intrus qui avait osé me souffler la place dans l'intervalle et collai mon œil à son poste d'excitation. Je songeai avec une délectation anticipée qu'il ne manquait plus que cette couleur, noire, à la palette des plaisirs de mon parent chéri.

Le temps que je m'installe, Joël avait déjà poussé les trois précédents occupants hors de sa cabine et installé son alter ego devant son cul largement ouvert. L'athlète noir posa sa lourde queue sur les fesses de mon cousin, déchira d'un coup de dent l'enveloppe d'une capote maxi-taille, s'en capuchonna, positionna son gland magistral sur la marge anale, empoigna les hanches et s'enfonça jusqu'à la garde. Sur le visage du cher enculé se dessinèrent les nuances de la plus violente des jouissances. Et tandis que je voyais son corps s'épanouir, j'entendis son verbe fleurir :

– Oui, fais-moi péter la rondelle, défonce-moi le fion, oh la la, qu'est-ce que tu me mets, ça c'est du braquemart, vas-y, déchire-moi le cul !

Ce fut le choc des titans. Un pilonnage grandiose, un feu nourri de batterie lourde, l'accouplement en Noir et Blanc de deux monstres divins, les noces barbares de deux brutes voluptueuses. Et enfin, un orgasme synchronisé qui fit trembler les murs du sauna.

Pendant cette scène ultime, l'œil vissé au glory-hole, j'avais la bouche baveuse de Joël à trois centimètres de moi.

Lorsqu'une heure plus tard Joël s'effondra dans le canapé-lit de mon appartement pour goûter un repos de guerrier du sexe bien mérité, je lui posai sur le front un chaste baiser familial. La lumière éteinte, il insista cependant pour me raconter par le menu son épopée au sauna, ne devinant pas un instant que j'avais partagé avec lui ces instants inoubliables.

– Et tu sais pas le plus beau ? Au moment où le géant des Antilles me boutait dans le train, une bite a jailli du mur juste devant ma bouche, à croire qu'un génie comblait toutes mes lubies ! Alors, cette queue providentielle, crois-moi, je l'ai pompée et jusqu'au jus… Ah, quelle belle soirée !

Je me suis contenté de sourire dans les ténèbres.

# Témoin à décharge

Je ne sais pas lequel a remarqué l'autre le premier.

Quand les parents et les amis se sont rassemblés dès quatorze heures sur la place de la mairie pour la cérémonie civile, au milieu de cette foule bigarrée piaillant et se bisant d'une à deux fois par joues, moi je n'ai vu que lui. Le cheveu ras, le sourcil dru, les yeux noisette sous de longs cils, le fin sourire espiègle, il semblait de ces gens à la convivialité innée, qui s'adapte sans effort à tous les environnements. L'air était assez doux, en ce début de printemps, mais les nuages s'étaient dangereusement amoncelés depuis le matin et l'averse menaçait en permanence. Lui rayonnait d'optimisme dans son costume de lin brut et ses chaussures en daim marron.

En embrassant la future mariée, bien qu'elle fût une amie d'enfance, je n'osai la questionner sur ce bel inconnu, la voyant accaparée de toutes parts. Quand j'ai pu croiser son regard, il a soutenu le mien brièvement, puis plus longuement, l'air intrigué, se demandant d'où nous pouvions nous connaître. Il a commencé à jouer des coudes dans ma direction. Mais le père d'Isabelle a donné le signal de la montée des marches et je l'ai perdu dans la cohue. C'était romantique et désespéré comme dans une chanson de Piaf.

Dans la minuscule salle de réception, je le repérai rapidement, à trois rangées devant moi. Il était remarquable de chic et d'aisance, sa silhouette tonique et lumineuse détonnant parmi ces corps amidonnés aux couleurs outrancières. Même de dos, il faisait de l'effet. S'il était un invité ordinaire, il ne resterait que pour la mairie, ce qui ne nous laissait que peu de temps et d'opportunités. Un peu plus, s'il était convié au vin d'honneur. Bien davantage, s'il était de la fête jusqu'au petit matin. Sa position, au premier rang derrière les promis, constituait un excellent indice.

Le maire posa la question fatale, la mariée dit oui et le marié ne dit pas non. Les époux se roulèrent une pelle, l'assistance soupira d'aise ou renifla d'émotion. J'étais encore plongé dans mes calculs de probabilité de rencontre lorsque, selon la formule consacrée, les témoins voulurent bien s'approcher.

Et l'élu de mes désirs bondit sur l'estrade. Il glissa derrière la longue table, apposa sa signature au bas du registre en dessinant du bras une large arabesque, transmit le stylo au second témoin et se campa en retrait. Moi qui rougis en pénétrant dans une simple rame de métro, j'étais fasciné par sa décontraction. Qui n'avait cependant rien de calme. Il croisait et décroisait les bras, sautillait d'un pied sur l'autre, frottait de la paume sa mâchoire ronde, dans une agitation qui n'était pas de la nervosité, mais le signe d'un dynamisme naturel. Quand il me sourit, en passant devant ma rangée, il me prit l'envie de lui saisir le bras pour sortir à ses côtés sous une averse de riz. L'orgue de la marche nuptiale me bouleversa par sa ringardise sublimée.

Il ne plut pas que du riz. La giboulée qu'on craignait nous surprit à la sortie. La modeste mairie de village n'offrant pas de porche, les demoiselles d'honneur se mirent à hurler, trois parapluies s'affrontèrent pour sauver la choucroute de la mariée, le patriarche reporta la photo de famille *sine die* et le marié lança la ruée du cortège vers les voitures. Laissant le gros de la troupe s'éparpiller, je regardais avec affection mon témoin préféré rebondir sous l'averse pour sauver ce qui pouvait l'être de la traîne nuptiale. Déjà détrempé, il attendit patiemment que la mariée fût installée sur la banquette arrière, la précieuse dentelle enroulée à ses pieds. Puis la voiture des nouveaux époux fonça en direction du foyer communal, prenant la tête du défilé. Se croyant le seul fou à s'attarder sous la pluie, mon homme au costume de lin lessivé esquissa quelques pas de danse. Il était hilare quand je le rejoignis. Je l'aurais cru plus grand. L'abritant sous mon parapluie, je me sentais presque gêné de le ramener à des questions si matérielles :

– Vous avez une voiture ?

– Non !

– Suivez-moi.

Nous sautions par-dessus les grandes flaques apparaissant déjà sur le bitume de la place, que nous traversâmes à vive allure entre rires et éclaboussures. J'eus l'impression d'avoir embarqué une serpillière côté passager.

– Pardon d'inonder votre voiture…

– Ça me donnera l'occasion de laver l'intérieur.

Nous serrâmes nos mains trempées. Il s'appelait Benjamin, devait avoir mon âge, un peu moins de trente ans. Quand il éternua, je lui tendis mon mouchoir. J'ai gardé de l'enfance l'habitude de glisser dans ma poche, pour les grandes occasions, un grand carré de tissu soigneusement plié en quatre.

– Les mouchoirs de ma mère, on pourrait se coucher dedans !

– Tu es mon sauveur… Atchoum !

Je souriais discrètement de ce passage au tutoiement. Il me demanda la permission de s'installer à l'arrière pour s'essuyer plus à son aise. J'avais déjà mis mon clignotant pour lui permettre de faire le tour de la voiture, mais il se faufila à quatre pattes entre nos sièges. Son fessier frôla ma joue, j'y collai une taloche.

J'étais cramoisi de confusion – il faut dire que je suis relativement fier de ma capacité d'empourprement facial qui m'a sauvé de plus d'une situation embarrassante où m'avait placé une libido impulsive. Mais il ne protesta pas, se contentant d'un :

– Tu vois, l'essentiel est resté sec !

Le reste de la scène restera à jamais gravé dans ma mémoire comme l'un des souvenirs les plus érotiques de ma vie. C'était la réalité, mais comme stylisée, décalée, transfigurée par ce spectacle sensuel que je contemplai au travers d'un rétroviseur. Benjamin laissa glisser sur la banquette sa veste imbibée de pluie. Sa chemise blanche en fine cotonnade adhérait par endroits à ses épaules rondes, sur la peau blanche et glabre de son torse, soulignant les contours de sa large poitrine où se découpaient deux aréoles couleur caramel, pointant leurs tétons saillants. Un à un, de haut en bas, il se déboutonna. Il dégagea les bords enfoncés dans son pantalon. Quand il écarta les pans de sa chemise, le tissu humide se décolla de son ventre dans un crissement léger. Contractés par ce geste d'extension, les muscles abdominaux s'arrondirent autour d'un nombril soyeux. Colorée et raffermie par le froid, sa peau luisait comme celle d'un athlète après l'effort.

Absorbé par sa tâche, Benjamin ne levait pas les yeux. Il déplia mon large mouchoir, le froissa dans sa paume et le frotta fermement sur son torse. Il suivait les reliefs de son corps avec la concentration d'un archéologue essuyant une statue en albâtre sauvée des eaux. Le carré de tissu laissait quelques rougeurs sur son passage. Il le déploya à nouveau pour s'en recouvrir le crâne. Durcis comme deux boutons-pression posés au bord de sa poitrine, les tétons semblaient attendre le baiser de lèvres chaudes pour s'élargir à nouveau. Des grains de beauté formaient une mini-constellation sur le flanc droit. Seuls quelques poils noirs remontaient du bas-ventre.

J'avais mis la ventilation à trois et poussé le chauffage à fond. Étalée sur le siège avant, la chemise de Benjamin était si fine qu'elle sécha rapidement. Conduisant mécaniquement, les yeux rivés sur mon rétroviseur, ravalant ma salive, je me sentais dans la peau d'un chauffeur de taxi voyeur. J'étais le témoin ému du témoin à demi-nu. L'air désormais absent, il continuait de promener mon mouchoir sur son torse, dans une caresse distraite, laissant son regard se perdre au travers de la vitre. Soudain, je retrouvai ses yeux. Il parut se réveiller d'un songe.

– On n'est pas déjà passés par là ?

Je devais en être à mon quatrième ou cinquième tour du pâté de maisons.

– J'attendais que tu sèches un peu…

Il se rhabilla prestement, laissant sa veste de côté.

Pendant tout ce temps, il n'avait trahi ni gêne ni exhibitionnisme. Il regagna la place avant par le même chemin qu'à l'aller. Il baissa lui-même la ventilation.

– On se croirait dans un sauna roulant !

Je n'étais pas pressé de me garer. J'eus du mal à trouver une place sur le terrain vague bordant l'arrière de la salle municipale. Quand je relevai machinalement le frein à main, Benjamin murmura, l'œil gourmand :

– Tu devrais aussi baisser ce levier…

Il désignait entre mes jambes la preuve physique d'un attrait croissant pour mon passager.

* * *

Au vin d'honneur, Benjamin se mit en tête de me présenter à tous les invités, alors que j'étais de nous deux celui qui en connaissait le plus grand nombre. C'est en l'entendant parler aux autres que j'appris qu'il était cousin germain du marié, finissant des études d'Histoire à l'autre bout de la France. Puis il fallut changer de jeu :

– On se sépare, on ne se connaît plus.

J'étais d'accord, si cela me permettait de le rencontrer une seconde fois. Sirotant ma coupe de champagne, je le suivis des yeux, papillonnant d'un groupe à l'autre, ne prenant guère plus de cinq minutes pour intégrer un cercle et cinq autres minutes pour en faire rire la moitié, hommes ou femmes. Je m'amusais de ses pitreries, même à distance, même sans le son. Je m'efforçai de détourner mon attention, d'observer les autres convives. Ils paraissaient tristes avec leurs congratulations obséquieuses, et tellement prévisibles dans leurs attitudes de circonstance.

De l'autre côté du buffet, un serveur en livrée, au visage criblé d'acné malgré ses tempes grises, considérait les invités se précipitant sur les petits-fours, avec une morgue qui dissimulait à peine son mépris pour leur gloutonnerie déplacée. Il remplissait une coupe avec componction, remplaçait un plat à contre-cœur et levait au plafond un regard d'une infinie solitude. Je sentais son malaise, je comprenais sa détresse. Je tournais sur moi-même, manquant d'air, manquant de Benjamin.

Je n'eus pas à le chercher longtemps. Un brouhaha attira mon attention vers le fond de la salle. Près des portants qui constituaient le vestiaire, des gamins endimanchés jouaient à se poursuivre et s'attraper, selon des règles qui m'échappaient, sous la direction exubérante d'un adulte se trémoussant dans un costume de lin plus froissé que nature. Souriant malgré moi, je me surpris à préférer voir Benjamin en compagnie d'enfants, plutôt que d'adultes qui pourraient me le soustraire durablement. Jaloux, déjà.

Je partis rendre mes civilités aux parents de la mariée. Ils ne m'avaient pas revu depuis les années de collège d'Isabelle. Sa mère me trouva une mine radieuse, s'enquit de la santé de mes parents, me débita de telles banalités que je me demandai sérieusement si elle m'avait reconnu. Le père m'amena sur le terrain scabreux de mes projets professionnels. Je toussai pour gagner du temps, réfléchis à une échappatoire, quand un plateau de mignardises s'interposa opportunément entre nous. Je laissais mes hôtes se servir, puis levai les yeux pour refuser poliment. C'est Benjamin qui servait ! Il avait abandonné sa veste et ouvert le col de sa chemise. Transpirant encore de ses activités récentes, il insista :

– Laissez-vous tenter, Monsieur !

Et de sa main qui ne tenait pas le plateau, il me toucha le sexe au travers du pantalon, le plus discrètement et le plus naturellement du monde. Je réussis à réprimer une contraction. Et, sans le quitter des yeux, je saisis la première pâtisserie venue, avec l'intention de la laisser fondre sur ma langue.

– Puisque vous insistez.

Je profitai de la diversion pour prendre congé.

Gardant la distance, je suivis Benjamin jusqu'au buffet. Il tenait son plateau en hauteur sur une seule main, slalomant et se taillant un chemin dans l'assemblée, comme un vrai professionnel de l'hôtellerie. Quand, péniblement, je parvins à le rejoindre, il finissait de se lécher les doigts. Je commandai une autre coupe pour me donner une contenance. Mon voisin se tourna alors vers moi pour lâcher d'une voix à peine étouffée :

– Aux toilettes, dans cinq minutes.

Et il plongea dans la mêlée. Une montée d'adrénaline me chauffa les oreilles instantanément. Je sortis de mon hébétude quand le serveur acnéique me tendit ma coupe. À la tête qu'il faisait, plus sardonique que jamais, je me demandai s'il n'avait pas entendu l'annonce du rendez-vous clandestin. Je crus qu'il allait m'assassiner quand je lui annonçai que je n'avais plus soif.

Je fis le tour de la salle pour ne pas arriver en avance. Les mariés et leurs parents s'étaient alignés pour recevoir les félicitations et les cadeaux des invités qui n'étaient pas conviés à la suite de la fête. Le personnel du traiteur avait d'ailleurs déjà commencé à dresser les tables pour le dîner de réception. La table d'honneur, selon l'usage, trônait au pied de la scène, sur laquelle un disc-jockey installait son matériel de son et lumière. Devant les assiettes, des cartons enluminés annonçaient la place de chaque invité. Je reconnus mon nom à quelques places du même côté qu'Isabelle. Je cherchai et trouvai celui de Benjamin, trois chaises plus loin.

Les toilettes étaient vides. Personne aux pissotières, personne dans les cabines. Je me lavai les mains pour passer le temps. Un pas résonna sur le carrelage, mon cœur battait la chamade. Mais c'est un autre convive qui entra, marquant un temps d'arrêt, sans doute surpris par l'intensité de mon regard au moment de son apparition. Il fronça les sourcils, me détailla de la tête aux pieds et s'enferma dans une cabine. Honteux, je me glissai dans une autre cabine, coulissait le verrou silencieusement, pour que l'autre ne me retrouvât pas à sa sortie. J'attendis le bruit de chasse d'eau, du robinet, du séchoir à mains, puis l'éloignement des pas. Pour autant, je ne quittai pas ma cachette, échaudé par la première expérience. J'attendais.

Malgré ma déconvenue, malgré la crainte qu'il ne vînt pas, je réalisai comme tout cela m'excitait. Ce garçon avait inventé l'art se faire désirer. De nouveaux pas me firent sursauter. On s'installait à une pissotière. Par prudence, je me penchai sous ma porte de cabine pour tenter de reconnaître les chaussures en daim. Mais ne vis que des souliers vernis d'enfant. Cette fois, je sortis.

Toujours pas de Benjamin en vue. L'idée me vint qu'il ait eu la perversité de m'attendre dans les toilettes des femmes. Cela semblait dingue, mais à la réflexion, plutôt compatible avec le personnage. Je tentai donc ma chance chez les dames, en passant une tête prudente et en appelant tout haut « Isabelle, tu es là ? » comme alibi. Pas un chat ici non plus, pas même une dame-pipi. Dépité, je vérifiai une dernière fois du côté des hommes.

Il était là. Debout, en pleine action, au-dessus d'une pissotière. En l'espace de quelques secondes, il était parvenu à s'introduire dans la place sans que je le remarque. J'inspirai profondément et, sans commentaire, je m'installai à ses côtés. J'ouvris ma braguette, sortis un organe que nul besoin naturel ne me commandait d'utiliser. Enfin, si. Mais pas pour ça. Enfin, vous m'avez compris.

– J'ai failli partir avec le premier routier venu.

Je voulus, en riant, protester que c'était lui qui m'avait fait attendre. J'en fus empêché par une frappe vigoureuse sur mon plat fessier.

– Ça, c'est pour la main au cul dans la voiture.

Sans me laisser le temps de réagir, il attrapa ma main la plus proche et la posa d'autorité sur sa queue.

– Et ça, c'est pour le tour en voiture chauffante.

Qu'auriez-vous fait à ma place, avec dans la main la bite du type qui vous fait bander en discontinu depuis déjà près de trois heures ? Même si c'est le mariage de votre amie d'enfance, même si vous ne savez quasiment rien du type en question, même si n'importe qui peut entrer dans les toilettes à tout moment et vous dénoncer comme exhibitionniste auprès de toute une assemblée de gens respectables, et bien, oui, vous le branlez. Et vous y prenez un immense plaisir, précisément proportionnel à la gravité des risques encourus.

Benjamin bandouillait déjà. Décalotté, son gland opina vaillamment dès ma prise en main de la situation. Mes doigts n'eurent guère d'effort à fournir avant de sentir entre eux se dresser une queue de taille moyenne, mais bien équilibrée. Je serrai le poing pour intensifier l'érection. Mon partenaire commençait à respirer plus fort, les yeux rivés sur ma propre bite, dont je m'occupais de l'autre main. Il ne semblait pas déçu du spectacle et voulu prendre sa part dans l'action. Rapidement, nous dûmes nous écarter de nos cuvettes suspendues pour laisser plus d'ampleur à nos gestes. Pour ce co-branlage, nous avions croisé nos bras – sans rester les bras croisés. Nos queues pointaient comme des légumes de pleine saison, prêts à exploser de sève.

Soudain retirant ma main pour freiner la montée de sa jouissance, Benjamin porta mon index à sa bouche, le mouilla de sa salive et le dirigea directement vers la partie la plus charnue de son anatomie. Ça devenait trop risqué, je résistai. Il serra ma main plus fort et insista du geste comme du regard. Je cédai à sa volonté, comme à mon désir. Je plongeai ma main dans son pantalon, passai le bord de la chemise, débordai l'élastique du caleçon, glissai le long de la raie des fesses. Et découvris, du bout du doigt, une issue aux replis accueillants. Je titillai et enfonçai, sans besoin d'un sésame. Benjamin se cambra pour faciliter ma pénétration digitale.

Puis, comme s'il avait senti l'approche d'un vrai témoin, mon coquin se dégagea de mon doigt, remballa ses affaires et quitta ces lieux d'aisance, en me décochant un clin d'œil. Cette attitude me stupéfia. Mais je convins qu'elle participait à une montée en puissance de nos désirs.

* * *

Quand le signal du banquet fut donné, respectant l'emplacement des cartons nominatifs, je m'installai très exactement en face de Benjamin. Celui-ci sembla bénir en pensée cette heureuse manifestation du hasard. Je jubilais. Il n'entendit pas Isabelle se pencher plus tard à mon oreille :

– Je suis désolé, il y a une erreur dans le plan de table, je t'avais placé de l'autre côté, près de moi…

– Cela n'a aucune importance, ne t'inquiète pas, et puis ça me donnera l'occasion de faire de nouveaux amis.

– Tu es sûr ?

– Certain.

Je n'avais pu m'empêcher de lorgner sur le convive d'en face, et je crois que la mariée comprit. Elle jaugea ma cible et se contenta de tapoter mon épaule en me recommandant d'être sage.

Je n'en avais nulle intention. Benjamin et moi continuâmes de nous ignorer passionnément, chacun gardant un œil sur l'autre, tout en liant connaissance avec ses voisins de table. Les mets étaient succulents, les plats s'enchaînaient à un rythme raisonnable. Mais c'était une autre faim que j'avais l'intention d'assouvir. Alors qu'il enfournait un morceau de cet excellent canard à l'orange, le témoin de mariage eut un sursaut qui détourna momentanément la fourchette de sa destination. Il me scruta alors avec incrédulité et, devant mon air parfaitement hypocrite, savoura sa bouchée avec une délectation accrue. Ayant déchaussé, tendant la jambe sous la table, je venais de lui caresser les parties intimes du bout de ma chaussette.

J'y revins, tapotant de mes orteils le paquet extensible. Benjamin aida à la manœuvre en rapprochant discrètement sa chaise. Je progressai d'autant dans mon exploration podologique. Je sentis nettement la masse d'origine se métamorphoser en une tige flexible formant une courbe dans sa croissance limitée par le vêtement. Poursuivant toujours sa dégustation, mon voisin fit une pause pour s'essuyer les lèvres puis, en reposant la serviette sur ses genoux, descendit habilement la fermeture éclair de sa braguette. Mon gros orteil se rua dans la brèche. Il avait la liberté d'ainsi mieux s'ébattre contre cette queue battante, qui ne demandait qu'à jouer avec lui.

Mais les sensations restaient limitées par l'obstacle du tissu. Qu'à cela ne tînt, je laissai glisser la serviette de mes genoux, me penchai pour la ramasser et, avant de me relever, dénudai mon pied. L'absence de chaussette augmenta sensiblement l'intérêt de ce nouveau sport – que je me propose de baptiser *bite-au-pied* (ou dick-ball, pour faire plus professionnel). Les règles en sont simples : il s'agit, à pied nu (à deux pieds pour les débutants) d'essayer, en un temps record, de dégager une queue de son string (niveau 1), de son slip (niveau 2), de son caleçon (niveau 3) ou de son boxer-short (niveau 4) ; pour les niveaux 3 et 4, l'accès par la braguette étant bien entendu prohibé. Il est évident que plus la queue bande et plus elle contribue malgré elle à son extraction. La technique consiste donc à favoriser et maintenir l'érection en utilisant toutes les ressources musculaires des orteils et de la plante du pied pour peloter les bourses, astiquer la verge et papouiller le gland. Toute la difficulté – et le règlement demeure intraitable sur ce point – réside dans l'interdiction d'aboutir à l'éjaculation de la queue en exercice. Celle-ci est toutefois tolérée après extraction ; elle est alors considérée comme un hommage de la partie adverse à l'agilité du pied gagnant. Comme à la boxe, des catégories sont définies pour harmoniser la taille des pieds et celle des bites, ces dernières étant mesurées au repos *et* en extension puisque, comme chacun sait, le rapport entre ces deux états du même organe relève d'un calcul encore aléatoire (une petite bite pouvant bander très long, et vice-versa, et inversement, selon un degré inconnu de probabilité dans l'état actuel de mes propres constatations en la matière). Je songe à faire homologuer cette pratique sportive et à la développer, en créant d'abord des clubs locaux, puis des compétitions régionales, en instaurant enfin une fédération nationale, dans le dessein – soyons fous – de l'imposer comme discipline olympique. Pour être tout à fait honnête, je dois préciser que ce sport existe, sous une forme fruste et primitive, depuis des temps très reculés : j'en veux pour preuve la survivance dans notre langage populaire de cette obscure expression *prendre son pied* – qui se réfère en fait à la version suprême de cette pratique préhistorique : la masturbation par son propre pied. De nos jours, seuls les yogis peuvent prétendre à un tel degré d'excellence.

L'équipement sous-vestimentaire de Benjamin m'imposait un jeu de niveau 2. Je n'avais donc aucune raison de me plaindre. D'autant que sa bite réagissait avec une certaine complaisance aux sollicitations de mon pied. Après plusieurs tentatives infructueuses, mais non dépourvues d'intérêt au niveau de l'excitation, je parvins à saisir le bord de son slip entre mon gros orteil et le suivant, et à tirer l'élastique assez largement pour faire jaillir le membre. Mon adversaire exprima de la surprise, ainsi qu'une certaine admiration pour ce résultat obtenu en un temps relativement modeste. Mais je ne pouvais me contenter de ce premier exploit.

Il m'en fallait plus encore. Saisissant l'occasion du *trou normand*, après avoir vérifié que nul hormis Benjamin ne prêtait une attention particulière à ma personne, je disparus, cette fois entièrement, sous la table du banquet. L'examen des membres inférieurs des convives attablés en disait long sur leurs vices et leurs vertus, leurs splendeurs et leurs misères, leur apparence et leur vérité. On trouvait là des pieds libérés exhibant leurs chaussettes trouées à côté de leurs souliers impeccablement cirés, des chevilles blanchâtres aux socquettes dégringolantes, des bas de soie honteusement filés, des résilles sur des mollets non épilés, et même une main grattant des croûtes de psoriasis. Mais on découvrait aussi des pieds magnifiquement galbés sur leurs talons aiguilles, des orteils récemment manucurés, des chaussettes en fil d'Écosse virilement portées, et même des jupes fendues sur des jarretelles discrètement tendues.

Ce spectacle m'amusa un instant, sans parvenir toutefois à me détourner de ma mission originelle. À une dizaine de centimètres, droit devant, la bite de Benjamin tanguait sous la nappe, comme le roseau de la fable, comme un sémaphore de désir, comme une sucette en mal de bouche. J'approchai jusqu'à balayer le poil de ses couilles du souffle de mes narines dilatées. Refusant de céder à la facilité d'une prise en bec trop directe, j'explorai les environs de la pointe de ma langue intrépide. Dans son nid de coton, planté entre ses deux boules, le membre désiré redoublait d'impétuosité. Il trépignait entre les exigences de sa liberté et l'envie de subir l'assaut. J'étais prêt à ramper pour venir le mater, pour lui laisser croire que j'allais lui donner ce qu'il attendait, et seulement cela.

Pour ceux qui l'ignoreraient, un trou normand est une sorte d'intermède gastronomique au milieu du festin. Composé d'une boule de sorbet arrosé d'un alcool de même origine – en général, de la glace à la pomme noyée de Calvados, il a pour fonction de restimuler les papilles en reposant l'estomac. Si je vous dis qu'en me glissant sous la table, j'avais apporté ma coupe et ma cuillère, vous commencerez à imaginer quel genre de supplice je réservais à ma proie.

Je commençai en versant, au sommet du sexe de Benjamin, quelques gouttes de cette eau-de-vie glaciale et parfumée. Roulant sur son gland, courant le long de sa verge, rebondissant entre ses testicules, cette rosée enivrante déclencha un frisson qui tétanisa les muscles de ses cuisses, avant que mes lèvres la butinent le long de la crête liant les bourses à l'anus. Ensuite, de la pointe de ma cuillère, je cueillis un peu de sorbet que je déposai délicatement sur ce même sommet, palpitant d'un bouillonnement interne. Le résultat fut celui d'une congère transportée dans le cratère d'un volcan en réveil. La glace fondit presque instantanément, en des coulées de sirop frappé, que je rattrapai du plat de la langue sur les flancs du membre, de la même façon que je léchais la crème glacée de mon enfance quand elle dégoulinait le long du cornet jusque sur mes doigts. Pour l'outrage ultime, je pris en bouche la moitié du sorbet, le laissai se liquéfier sous mon palais, glaçant ma langue et l'intérieur des joues. J'avalai cet élixir et, aussitôt, engloutis la queue du témoin. Se contractant davantage sous le choc thermique, celle-ci était désormais plus dure qu'un cornet en gaufrette, autant qu'un bâtonnet en bois. Sur lequel je n'en finissais plus de faire coulisser l'anneau de mes lèvres froncées.

Un expert, une experte en fellation vous détaillerait chacun des signes annonciateurs de l'imminence d'un orgasme phallique. On acquiert peu à peu l'instinct du sismologue, qui décrypte les vibrations et prédit la force de l'éruption. Disons que je sus soustraire à temps ma bouche de la queue de Benjamin. On évita l'éjaculation de justesse. Heureusement, car je ne voulais pas d'une issue trop rapide. Nous avions encore toute la soirée devant nous, et ce n'était que justice après la façon dont il avait frustré mes caresses dans les toilettes. Mais ce coït interrompu ne fut pas du goût de l'intéressé, qui tenta de m'agripper l'épaule pour me contraindre à conclure. En reculant pour échapper à sa main, je me cognai sous la table. Ma tête fit tinter des verres de l'autre côté du contreplaqué. Un silence s'ensuivit, interrompant le brouhaha du banquet. Je surgis alors de dessous la nappe, me rasseyant en frottant mon crâne. Une poignée d'invités me regardait avec stupéfaction.

– J'avais perdu un bouton de manchette.

L'explication sembla suffire, puisque chacun reprit sa dégustation ou sa conversation. Les joues brûlantes, mon voisin d'en face me cloua d'un regard de concupiscence :

– Quand le vin est tiré, il faut le boire !

– La vendange sera meilleure si on laisse mûrir les grappes.

Personne ne saisit les véritables enjeux de notre échange œnologique. D'autant que les plateaux de fromages surgissaient des cuisines et que le vin, précisément, en est un excellent complément. Notre duel sensuel se transposa donc dans l'exercice oratoire basé sur le thème de la gastronomie. Benjamin tenta de reprendre l'avantage sur ce nouveau terrain, le tout sur un ton de candeur irréprochable :

– J'espère que la pièce sera bien montée... Savez-vous comment on fourre les choux ? On introduit la douille par le trou au cul du chou et on balance la crème.

* * *

Le dessert dut patienter. Les familles des mariées avaient préparé les traditionnelles bouffonneries retraçant le parcours scolaire, sentimental et professionnel de l'une et de l'autre, avant leur rencontre fatidique. Il fallut applaudir les pantalonnades théâtrales, les anecdotes graveleuses et les chansons burlesques. Je supportai vaillamment tout ce cirque, parce que Benjamin était là, que nous communiquions d'un simple geste complice et que ces noces étaient en quelque sorte les nôtres, dans une autre réalité que nul autour de nous ne percevait.

Ainsi que je le redoutais, les invités furent mis à contribution pour une série de jeux plus humiliants les uns que les autres. J'étais prêt à redisparaître sous la table, autant pour m'y cacher que pour m'adonner à des loisirs moins allusifs et plus jouissifs. Mais mon amant secret, au contraire, se porta volontaire au premier appel. C'était dans sa nature, je l'avais bien compris, de relever les défis les plus inattendus. Je le vis donc, avec effarement, attraper entre ses dents une pomme qui devait circuler de bouche en bouche de plus en plus vite, prendre sur son dos une des cousines les plus dodues le long d'une chevauchée semée d'embûches, et même défiler en majorette avec faux seins et perruque verte. Dominant les épreuves, il était le champion que je supportais en toute partialité mais discrètement.

Benjamin y mit tant de cœur et d'abnégation qu'il finit vainqueur de la compétition. Sous un tonnerre d'applaudissements, l'animateur en chef lui attribua sa récompense suprême : un tee-shirt imprimé du portrait des épousés et en prime, l'honneur et l'avantage d'être autorisé à s'introduire sous le jupon de la mariée pour lui ôter sa jarretière. À cela s'ajoutait une condition : pour cette ultime épreuve, il pouvait se servir de tout, sauf de ses mains. L'assemblée dans sa grande majorité gloussa de paillardise à cette annonce. J'étais consterné.

Benjamin réfléchit un instant et demanda une faveur :

– Ai-je le droit de faire appel à un assistant ?

Mon cœur s'arrêta de battre.

La demande fut accordée. Et Benjamin contourna la table d'honneur pour venir me chercher. Inutile de résister, la salle entière se liguait pour mon déshonneur. Je me levai en m'efforçant de ne pas grimacer, murmurant à l'oreille du responsable :

– Je te hais.

– Moi non plus.

Isabelle n'était pas plus enthousiaste que moi, mais elle ne pouvait pas davantage se soustraire à la pression populaire. Elle monta sur une table installée au milieu de la salle. Benjamin et moi nous plaçâmes de part et d'autre de sa robe longue. Le témoin n'hésita pas à plonger. Prenant une inspiration et ravalant ma honte, je l'imitai de mon côté. Je n'avais jamais approché de si près un sexe de femme. J'avançais le visage dans les froufrous, en retenant ma respiration. Je frôlai de ma joue la cuisse d'Isabelle. Et ma bouche rencontra des lèvres. Celles de Benjamin. Qui, avant que la mariée ne dévoilât ses dessous au public, eut le temps de me rouler la pelle la plus torride de ma vie. Il tourna, plus de sept fois, sa langue dans ma bouche. Elle était douce, chaude, parfumée. Cette pénétration buccale m'enflamma tout le corps, comme un incendie se propageant sous le mistral.

Puis le rideau – je veux dire, le jupon – se leva. Sans nous être concertés au préalable sur la technique appropriée, Benjamin saisit entre ses dents un côté de la jarretière, je mordis l'autre côté et nous descendîmes en parfaite synchronisation le long de la jambe d'Isabelle. La mariée se contenta alors de lever le pied et nous nous retrouvâmes, Ben et moi, face à face et les mains dans le dos, serrant le trophée entre nos bouches, face à une assemblée debout pour la *standing ovation.*

Nous devînmes des sortes de héros, que les adultes acclamaient et que les enfants célébrèrent en formant une ronde autour de nous. Le DJ diffusa le refrain de *We are the champions*, par la plus folle des rockers anglo-saxons, et notre triomphe fut complet. Quand la musique se transforma en sarabande, Benjamin fit descendre la mariée de son piédestal et nous entraîna tous trois dans la traditionnelle *chenille*, raflant tous les invités valides dans son sillage. Trottant autour des tables dans un rythme endiablé, en tenant Isabelle d'une main et sa récente belle-mère de l'autre, j'eus une minute d'absence au milieu de cette conviviale beauferie, dressant le compte des aberrations auxquelles je me livrais depuis que Benjamin avait été placé en ma présence. Et la soirée n'était pas terminée.

* * *

La salle de banquet fut rapidement débarrassée et transformée en boîte de nuit, aux spots aveuglants et aux baffles saturés. La pénombre multicolore et les gesticulations des danseurs permettaient d'audacieux attouchements. Nous frôlant discrètement, adaptant nos chorégraphies, j'empoignais une fesse de Benjamin et lui, ripostait par une caresse entre mes cuisses. Il avait roulé ses manches et déboutonné sa chemise jusqu'à mi-torse. La sueur plaquait le tissu contre sa peau, comme la pluie l'avait fait quelques heures plus tôt. Et je le désirais toujours davantage. C'est pour cette raison que je m'éclipsai un instant en direction du parking. J'ai toujours des préservatifs dans ma boîte à gants.

Je m'offrais avec Benjamin quelques minutes de repos au bord de la piste, quand le père d'Isabelle me tapa sur l'épaule. Il souhaitait confier à nous deux, comme en récompense de nos exploits publics, la lourde tâche d'apporter la pièce montée à la table d'honneur. J'estimai la mission périlleuse, mais le moyen de refuser ? Il nous conduisit dans une annexe, où trônait une impressionnante pyramide de choux recouverte d'une avalanche de caramel, nous confia un briquet pour allumer les bougies du gâteau et referma la porte en nous laissant un délai de dix minutes avant l'extinction des lumières de la salle pour notre entrée.

Dès que la porte se fut refermée sur nous, je vis le témoin s'avancer avec l'œil brillant d'un prédateur lubrique.

– Attends, Benjamin, ce n'est vraiment pas le moment de…

Il s'arrêta à un pas de moi, attrapa sur la table une serviette en papier, la déplia et la déposa à mes pieds.

– Tu connais la danse du tapis ?

Il s'agenouilla sur la serviette. Je connais très bien cette danse typique des mariages populaires, mais Benjamin en adaptait les règles d'une manière personnelle. Je dus rester debout et, avec dextérité, il descendit ma braguette, dégagea ma queue pour l'avaler tout entière.

– Benjamin, on n'a pas le temps !

Le témoin ne m'écoutait pas, absorbé à m'absorber, les mains rivées sur mes hanches. Ma chandelle n'était pas morte et il sut lui mettre le feu en quelques lampées bien senties. Mon principe de plaisir entra en conflit avec mon principe de réalité, aurait dit Freud. D'un mouvement, je me cambrais pour bouter en bouche ma raideur phallique, et de l'autre, je frottais la molette du briquet en me rapprochant de la pièce montée.

– Benjamin, sois raisonnable…

J'entrepris tant bien que mal d'allumer la couronne de bougies entourant la base du gâteau. Mon amant avait une manière de trousser mon prépuce contre le fond de sa gorge qui déséquilibrait ma latéralisation spatiale. Lorsqu'il me pompa à l'intérieur de son poing, j'eus l'impression de lui tendre un chalumeau lâchant tout son gaz. Et quand il libéra mon gland pour mieux le laper, je crus voir le double de mèches sur les petits choux et me brûlai le pouce à la flamme du briquet. J'étais loin d'avoir fini, mais près de jouir, quand on toqua à la porte.

– C'est bon ? Je peux éteindre la salle ?

– Une minute encore !, implorai-je.

Benjamin me rhabilla, s'essuya les lèvres et s'empara de mon feu.

– Tu es plus rapide à allumer les témoins que les bougies !

Pendant le transport de la pièce montée illuminant la salle, il riait et moi je priais, pour ne pas trébucher. Le public fit « Ah » quand nous entrâmes, puis « Oh » quand les petits choux vacillèrent au moment d'atterrir sur la table d'honneur. Mais l'ensemble se stabilisa sans encombre devant les mariés qui, sous le crépitement des appareils photos, unirent leur souffle pour éteindre les multiples bougies.

Par égard dû à notre rang d'invités privilégiés, Benjamin et moi comptâmes parmi les premiers servis. Mais, au lieu de se jeter sur son assiette comme la plupart des convives, le témoin eut la générosité de penser à apporter une part du gâteau au disc-jockey qui poursuivait son animation depuis la scène. Le geste me toucha au point que je décidai de l'accompagner.

Bordée d'un tissu rouge, la scène était constituée d'un plancher de bois supporté par une structure en tubes métalliques. Je laissai Benjamin monter le court escalier pour réaliser sa bonne action et profitai de l'attention portée par le public à l'arrivée du dessert pour pénétrer sous la scène. La lumière de la salle filtrait au travers du tissu, éclairant en rose un espace carré ménagé entre les tubes emboîtés. Je guettai la descente du témoin et l'entraînai dans ma cachette.

L'espace réduit ne nous autorisait que la position à genoux. C'était bien suffisant pour ce que je comptais y faire. Je poussai Benjamin à quatre pattes devant moi. Enfin, j'allais pouvoir baiser le témoin sans témoin. Tremblant d'excitation, il attendait, soumis, la suite des événements. Sans ménagement, je délaçai et lui ôtai ses chaussures, lui laissant les chaussettes. Je dégrafai son pantalon et le dégageai de ses jambes, l'une après l'autre. Son slip blanc, à poche kangourou, suivit rapido le même chemin. J'avais apporté avec moi mon assiette de dessert. Je saisis un petit chou, l'écrasai lentement entre mes doigts et en répandis la crème entre les fesses de mon amant. Pour le renseigner sur la nature de cette sensation inédite, je lui donnai à manger dans ma paume le chou vidé de sa garniture. Et je plongeai ma langue vers son festin nu.

La crème pâtissière donnait aux fesses de Benjamin un délicieux parfum de vanille. Riche en beurre, elle les lubrifiait d'autre part, opportunément. Les plaisirs de la chaire et de la chair m'étaient offerts, réunis sur le même plateau galbé du plus beau cul que j'eus jamais à goûter. Mes papilles exultaient, ma queue me titillait. Quand ma bouche cessa de déguster cette raie à la crème, j'usai de ma langue comme d'une spatule pour enduire le conduit anal, qui s'élargissait déjà dans l'ardeur de ce pique-nique improvisé. Le bite-nique pouvait commencer.

Je m'installai un condom sur le sexe, attrapai un second chou à la crème et en répandis le contenu sur la longueur et le bout de ma queue impatiente. Entre mes doigts, je l'enduisis d'une couche vanillée homogène et partis à l'assaut du cul de Benjamin. Ma bite s'y enfonça – j'allais écrire, comme dans du beurre. Je vis l'excédent de crème s'amonceler entre mes couilles. Le témoin gémit et je lui témoignai en retour ma plus vive affection. M'arrimant à sa queue comme au pommeau d'une selle, je réglais mon allure pour lutiner plus loin. Benjamin écarta les genoux, aplatit les épaules sur le sol pour me permettre de le coloniser jusqu'au gros colon. Le personnel du traiteur servait les premiers cafés, le DJ mixait son premier tube techno, que nous baisions encore sous la scène, à l'insu et l'invu de tous.

Après un double orgasme vanillé, nous inventâmes des caresses post-coïtales jusqu'à la reprise du bal. À la faveur de la cohue, nous regagnâmes alors nos places. Avisant les mariées qui échangeaient un baiser abyssal, Benjamin me lança un clin d'œil :

– On remet ça au premier baptême ?

# La profondeur du bassin

À fréquenter les piscines, j'ai plus souvent gagné des verrues plantaires que de la charge musculaire. Et parfois aussi, cependant, quelques aventures, qui ont compté dans la construction de ma libido. C'est une évidence – en tout cas, pour moi – l'eau est synonyme de sensualité. Je ne pourrais vous dire si je me tripotais déjà dans mon liquide amniotique, mais toujours est-il que j'ai déjà joui, plus qu'à mon tour, sous une douche, à la plage, dans un sauna, un jacuzzi ou au hammam. Que l'eau soit douce ou salée, l'élément aqueux réveille ma queue. L'histoire d'eau que je vais donc vous raconter a surnagé dans ma mémoire parce qu'elle aborde des rivages peu connus de l'érotisme au masculin.

* * *

Quoi de plus impressionnant que le spectacle d'un nageur de brasse papillon ? Hybride de dauphin et de poisson-volant, il crevait la surface du bassin de sa carrure déployée, pour fendre les flots comme une torpille et rebondir par ricochets perpétuels et parfaits. Je ne me lassais pas du ballet nautique de ce nouvel homme de l'Atlantide en bonnet de bain noir et maillot rouge. J'avais tenté de le suivre dans le couloir parallèle, au rythme laborieux de mes brasses coulées, mais il me distança dès la seconde longueur et je dus m'accrocher au bord pour reprendre mon souffle, alors qu'il avait déjà opéré son demi-tour sous-marin pour me doubler dans l'autre sens. Avec une régularité implacable, il gobait son oxygène en projetant un visage déformé par l'effort et méconnaissable sous les lunettes hermétiques. Une fois mes dix fois vingt-cinq mètres péniblement franchis, je trompai l'attente en pratiquant quelques exercices de gym aquatique, excellents pour les abdos mollassons. Je ne voulais pas manquer son émergence, il me fallait voir la bête fouler la terre ferme. Pourquoi réserver à Vénus le privilège de naître des eaux ? Cet apollon n'aurait pas démérité de la mythologie. Au moins, la piscine était olympique.

Dédaignant l'échelle, il s'est hissé du bassin à la force des bras. L'eau chlorée a ruisselé de ses dorsaux, croisé ses affluents au creux des lombaires étroites, dessiné de magnifiques sinuosités dans le poil des larges cuisses et des mollets rebondis. D'une seule main, il a arraché lunettes et bonnet, a récupéré de l'autre sa serviette sur le banc de bois et chaussé des sandales en plastique. Il a essuyé son torse superficiellement, s'est attaché la serviette en pagne autour de ses reins, a ramassé ses affaires et s'est dirigé prestement vers les douches. J'ai failli glisser sur le carrelage en me hâtant à sa suite.

Mon nageur était déjà occupé à se savonner le corps. Une chance, la place était libre sous le jet voisin. Je me consacrai à mes propres ablutions sans le quitter du coin de l'œil. J'aurais rêvé à cette minute me réincarner en gel douche pour couler au creux de sa paume, me répandre sur son torse, mousser sous ses aisselles, ruisseler sur son ventre tendu, m'immiscer sous son maillot, dégouliner sur ses jambes, rebondir sur ses genoux et finir entre ses orteils. Ses gestes étaient aussi précis sous la douche que dans le bassin. De son savon liquide au parfum discret, suffisant pour chasser l'odeur de chlore, il enduisait chaque partie de son corps ferme, puis le rinçait dans un ordre rituel. Pour ses cheveux ras, il employa un produit différent, procédant à deux shampooings successifs. Pour finir, il n'oublia pas le contenu de son maillot. D'un mouvement rapide et discret, il tira sur le bord du slip pour laisser couler la douche sur son bas-ventre, brassa de l'autre main à l'intérieur, et répéta l'opération en se retournant, le jet ruisselant alors entre ses fesses. Ensuite, sans attendre l'arrêt automatique, il s'est extrait de la douche, a chassé l'eau du plat de la main sur son torse et ses cuisses, récupéré sa serviette sur la patère, s'est séché mécaniquement, s'est plié en deux pour reprendre ses affaires, et a gagné le vestiaire. Sans jamais croiser mon regard.

J'ai abusé de mon savon, trois fois, quatre fois, pour rester sous ma douche à l'observer, à l'affût d'une ambiguïté, d'une invitation tacite. Quand il a frotté son sexe sous le tissu-éponge, il s'est tourné vers le mur. C'était sans espoir. Je me sentais grotesque, minable, les doigts fripés et blanchis par l'eau, qui était devenue moins que tiède. En désespoir de cause, je me retournai pour appuyer mon front contre le mur, en bloquant le bouton-poussoir contre la base de ma paume. Encore quelques minutes et c'était la pneumonie assurée, doublée d'une mycose des orteils.

C'est seulement à ce moment-là, dans ce mouvement, que j'ai remarqué l'occupant de la douche d'à côté. Je n'ai d'abord vu que sa main plongée dans son maillot taille basse, gonflant le tissu. J'ai dû pencher la tête pour vérifier que je n'étais pas victime d'une hallucination d'érotomane frustré. J'ai relevé les yeux et je l'ai vu, les cheveux mi-longs tombant en mèches jusque devant ses paupières, se mordant la lèvre inférieure. Il m'a vu aussi. Et a amplifié son geste sur son sexe. Il fouilla dans son maillot, aux cordons dénoués pendant à l'extérieur, comme s'il tentait de maîtriser l'animal impétueux qui s'y serait logé clandestinement. Quand il retira sa main, le lycra se moula sur une queue épaisse, allongée sur le côté. Remontant au creux de l'aine, son gland était même visible, comme un fruit rouge pressé contre une poche.

Je fus subjugué, au point d'oublier la fraîcheur du jet, tellement excité que l'eau se déversant tiède sur mes épaules devait finir chaude sur le carrelage, après avoir parcouru ma peau électrisée. L'autre renifla, attendant de moi plus qu'un rôle de voyeur. Ma douche s'est arrêtée. Je saisis ma bouteille de savon liquide, la renversai ostensiblement au-dessus de mon maillot tenu béant, laissai fondre sur mes couilles un filet jaune et sirupeux comme du miel.

Ensuite, je fis claquer l'élastique sur ma taille et, saisissant mon paquet à pleine main, je le malaxai, le triturai, le comprimai. À l'intérieur, ça glissait, c'était chaud et visqueux. Je m'activai jusqu'à produire une mousse blanche et douce, qui débordait du maillot sous mon nombril et entre mes cuisses.

Mon voisin de douche fixa mes gestes, en promenant sa langue sur ses lèvres, replongeant sa main sous son lycra. Quand j'appuyai sur le poussoir, l'eau fraîche galvanisa ma queue, qui ne tenait plus dans son étroit vêtement. Vérifiant alentour que nous étions bien seuls, je sortis mon membre à l'air libre et me cambrai pour l'allonger tout droit contre le carreau du mur. L'élastique coincé sous mes couilles décupla et stabilisa mon érection, exactement comme un cockring. La mousse glissa de mon gland entre mes valseuses. La bite voisine a sorti toute sa tête du maillot, remuant des lèvres comme un poisson suffocant hors de la mer.

Le mec me tendit la main, la paume creusée. Je compris qu'il réclamait sa dose de savon. J'y pourvus. Il ramena sa main ainsi consacrée entre ses fesses, s'enduisit la raie. Repliant les autres doigts sur le bord baissé de son maillot, il enfonça un majeur dans son cul, en poussant un grognement. J'astiquai mon braquemart en l'imaginant à la place de son doigt. Je promenai la main gauche sur sa poitrine imberbe aux tétons roses et tendus. Plus il s'excitait, plus il se cambrait. Le souffle court, la tête renversée, la bouche ouverte sous le jet, il s'appuya des deux mains sur le carrelage, écarta les jambes et bascula le bassin. À peine eus-je effleuré sa croupe qu'il se mit à haleter. Mes doigts glissaient sans effort entre ses fesses savonneuses. J'eus parié que son bouton de rose était sur le point d'éclore.

À cet instant, on marcha dans le pédiluve, à l'entrée des douches. J'ai retiré ma main, rentré ma queue et courbé la tête sous le jet. Mon voisin a eu le temps de bondir en arrière, d'attraper sa serviette et de s'en envelopper. Feignant la décontraction, je me suis savonné pour la énième fois et j'ai vu le maître-nageur arpenter le carreau. La quarantaine baraquée, en slip de bain et tee-shirt blancs, arborant un sifflet métallique autour du cou, le sourcil dru et arqué, il nous scrutait alternativement, mon compagnon de douche et moi, d'un air farouche. J'ai eu l'impression qu'il nous avait vus en plein ébat illicite. Mais il ne disait rien, tentant de se trouver une contenance. J'en conclus qu'il avait manqué le flagrant délit, mais gardé de lourds soupçons contre nous. Il passa la tête dans le vestiaire, nous jeta un dernier regard contrarié, puis repartit aussi vite qu'il était venu.

Je regardai mon voisin en écarquillant les yeux comme un innocent qui ne comprend pas de quoi on l'accuse. L'autre étouffa un éclat de rire et baissa la serviette autour de sa taille. Ni lui ni moi n'étions découragés. Je n'avais nullement l'intention d'en rester à de tels préliminaires. Et si je n'étais pas encore sûr des sentiments de l'autre, l'intéressé me renseigna clairement en dardant entre ses lèvres à peine ouvertes une langue fureteuse. Je finis tranquillement de me rincer sans quitter des yeux le corps désiré. Campé face à lui avec ma serviette, je frottai complaisamment le renflement de mon maillot. Un autre nageur vint prendre sa douche. Mon complice plissa des paupières et disparut dans la pièce annexe, celle des toilettes. Je m'imposai cinq bonnes minutes pour achever de me sécher, puis le rejoignis d'un pas tranquille.

* * *

Je dus pousser les portes des quatre cabines alignées, avant d'ouvrir la bonne, la dernière au fond de la rangée. Penché en avant, les mains posées à plat, de part et d'autre du couvercle rabattu de la cuvette, le garçon entièrement nu tendait son cul au premier visiteur venu, son maillot accroché à la tuyauterie et sa serviette passée autour du cou. Je songeai que n'importe qui en dehors de moi eut pu pousser la porte et le découvrir ainsi offert. J'imagine que le risque faisait partie de son fantasme.

Sans commentaire, je me servis à nouveau de mon savon liquide pour enduire la marge anale et lui introduire un ou deux doigts. Cette mise en condition me donnait aussi le temps de retrouver une érection suffisante et nécessaire pour nous procurer à tous deux le plaisir escompté. Il avait vraiment un cul magnifique, deux globes immaculés, sans poil ni rougeur, s'écartant pour révéler un vallon rosé, abritant un petit lac brun en son milieu. Un lac asséché, palpitant sous la dernière rosée et recelant un accès drapé vers le plus accueillant des abîmes. Mon sondage digital indiquait un passage s'élargissant sans effort sous la pression d'un corps étranger mais bienvenu, vers des profondeurs insoupçonnables. Ma bite tressautait à la perspective d'un voyage au centre de ces fesses. C'est alors qu'une main se tendit en arrière pour me donner un préservatif, sorti de quelque poche secrète.

Dans sa tenue en plastique exigée, mon gland protubérant se présenta au seuil du cul apprêté. Sans prendre la peine de frapper, il pénétra dans les replis de l'antre de chair. En deux poussées, ma pine avait passé la tête entière. Avant de s'aventurer plus loin, elle tournoya dans le couloir d'entrée pour prendre ses aises et marquer sa présence. Elle força même la minauderie jusqu'à ressortir du fondement, pour rentrer à nouveau, ainsi trois fois de suite, jusqu'à mouler l'entrée à son gabarit. Puis, braquant mon braquemart sur la cible émouvante, j'enculai mon homme, doucement mais sûrement, jusqu'aux trois quarts de la longueur disponible. Mon récipiendaire, en bon technicien de la sodomie passive, profita de la pause pour cambrer davantage et renforcer ses appuis. D'un seul coup de rein, les mains agrippées à sa taille, je le fourrai complètement. Il gémit à peine.

Entièrement engagée, ma queue se mit à investir son nouveau territoire avec frénésie. D'abord poussant et reculant en ligne droite, elle explora ensuite des diagonales dans sa quête du plus grand plaisir. L'autre soufflait au rythme de mes investigations charnelles. Mes couilles encore humides claquaient contre la peau ferme et fraîche de ses fesses sentant le chlore. S'arc-boutant de ses bras et ses jambes tendues, il clouait son cul au pivot de ma bite avec une sorte de hargne insatiable. Il s'y entendait si bien que je pris la liberté de retirer mes mains de ses hanches, pour les caler contre la cloison, me contentant de bloquer mon bassin en avant pour tendre solidement ma queue comme une hampe. L'autre s'y emmanchait en réglant l'allure à son gré, du plus lent au plus cadencé.

Je fermai les yeux pour savourer cette sensation d'être forcé à pénétrer. J'avais davantage l'impression que son cul possédait ma queue, plutôt que l'inverse. Je sentais le long de mon cinquième membre une variation de pressions telles que je pouvais imaginer une dizaine de bouches pressant contre elle leurs lèvres charnues. Et au cœur de ma tige, de plus en plus impatiente, s'annonçait une sève brûlante, comme un magma retenant son éruption. Quand je rouvris les yeux, mon regard tomba sur le dallage et j'aperçus la pointe d'une sandale bleue avançant sous la cloison. Je souris en imaginant que le nageur que nous avions laissé sous la douche d'à côté, essayait de jouir du spectacle, faute de mieux. Un voyeur ne me gênait pas. Je pouvais même envisager de l'inviter à nos bacchanales. Quand il y en a pour un, il y en a toujours pour deux. Voire plus. J'ai toujours rêvé, devant les gravures illustrant les œuvres du Marquis de Sade, de participer à ces brochettes humaines, où le serviteur encule le marquis, qui encule le soldat, qui encule le curé, qui encule un singe. Sans le message social, bien sûr.

Mon nageur voulait faire le plus vite et le plus varié possible. Aussi il se déboîta, me fit poser les fesses sur la cuvette, relubrifia son anus – avec la rapidité mécanique d'une Formule 1 qui s'immobilise huit secondes dans son écurie pour changer ses quatre pneus et repartir sur les chapeaux de roues – et s'empala sur ma queue, comme s'il se contentait de s'asseoir à l'envers sur une chaise. En appui sur ses pointes de pieds, il pouvait mieux contrôler la vitesse et la profondeur de pénétration. Dans le même temps, il me donna sa poitrine à lécher. Ensuite je coinçais la pointe de ses tétons entre mes lèvres et ne bougeais plus la tête, ce qui lui provoquait des étirements délicieux à chaque mouvement de torse. J'écartais soigneusement les jambes pour qu'il ne me broie pas les couilles à chaque rebond. La violence de ses assauts faisait de lui un redoutable casse-noix humain. Je regardais son visage : fermant les yeux, il pointait et sortait la langue alternativement, comme si elle était censée figurer l'effet de mon sexe contre ses muqueuses. Par ses déhanchements, il me semblait chercher le frottement le plus jouissif, sans doute du côté de la prostate. Pour conserver l'équilibre, il s'appuyait des mains sur mes épaules, les pétrissant, jusqu'à la douleur.

Ce n'était pas encore assez pour lui. Glissant les mains sous mes aisselles, il m'ordonna tacitement de me lever. Je devais le soulever sans défaire notre emboîtement. Je titubai sous son poids, mais parvins à me stabiliser, sans dégainer de son cul. Il m'aida en s'agrippant de chaque main au rebord supérieur de la cloison. En écartant les jambes, il parvenait aussi, pendant quelques secondes avant de déraper, à se caler avec les orteils sur la paroi. Au sens propre comme au figuré, je l'envoyais en l'air. Nos bassins se cognaient dans un bruit mat. Après lui, je n'ai jamais revu quiconque, homme, femme, ou même animal, capable d'une telle acrobatie pornographique – et je vous déconseille d'essayer. À mesure que le plaisir montait, je le vis tournoyer de la tête, rouler des orbites et laisser un filet de salive s'échapper de ses lèvres. Au-dessus de nous, j'aperçus une mèche de cheveux du voyeur, qui s'abaissait pour ne pas être vu.

Quand il fut parvenu au bord de jouir, mon bilboquet humain se déboîta pour reprendre sa position initiale, penché au-dessus de la cuvette, dont, cette fois, il releva le couvercle. Et tandis que j'achevais de le ramoner, il projeta son sperme directement au fond des toilettes. Ce garçon était un modèle de baiseur hygiénique. Il se rangea même le long du mur pour me laisser viser au même endroit, pendant que je serrai les dents pour ne pas crier de plaisir.

J'étais littéralement fourbu. Et je savais que les courbatures du lendemain devraient moins à mes évolutions aquatiques qu'à cette séance de baise improvisée. Mon bel enculé arborait un large sourire. Du revers de la main, il essuya mon front perlé de sueur, déposa un chaste baiser sur mes lèvres encore tremblantes, renfila son maillot, rajusta sa serviette et sortit. Je le confesse, en dépit de mon jeune âge, il me fallut quelques bonnes minutes de repos, assis sur la cuvette, pour reprendre des forces et me traîner vers les vestiaires. J'étais loin d'imaginer la nouvelle épreuve qui m'attendait.

* * *

Je venais de quitter la cabine des toilettes, quand une main s'abattit brutalement sur ma nuque.

– Toi, tu vas me suivre dans mon bureau.

Je crus à une plaisanterie de mon complice fantasque. Mais la voix était ferme et rauque, celle d'un homme mûr qui ne songeait pas à plaisanter. Je fis volte-face et me retrouvai devant le maître-nageur.

– Pourquoi ? J'ai rien fait de mal !

– Tu te fous de ma gueule ?

Il y a des moments dans la vie où il vaut mieux obtempérer.

Il me poussa devant lui sans ménagement. J'avançai en traînant les claquettes sur le carrelage humide. En traversant la pièce des douches, je jetai un œil discret au vestiaire. Mon acrobate nous tournait le dos, déjà occupé à se rhabiller. Il ne nous vit même pas passer. Et je me gardai bien d'attirer l'attention sur lui.

En traversant le pédiluve, l'idée me vint de jeter un coup d'œil sur les pieds du maître-nageur. Je l'aurais parié : il était chaussé de ces mêmes sandales bleues et blanches, dont j'avais aperçu le bout s'avancer par-dessous la cloison pendant nos ébats. Il portait aussi cette mèche rebelle que j'avais surprise au-dessus de nous. Cet enfoiré nous avait donc repérés d'abord sous les douches, puis nous avait retrouvés dans les toilettes pour jouer les mateurs, avant de me cueillir tranquillement à la sortie. Pourquoi n'avait-il pas alpagué aussi l'autre nageur ? Cette question ne laissait pas de m'inquiéter.

– Droite. Gauche.

J'avais l'impression de me retrouver dans une colonne d'appelés en marche forcée pendant les mois de classes. Le cauchemar recommençait. Mais je me secouai : allons, il ne peut rien contre moi, il n'est pas flic, il n'a aucune preuve, ce sera sa parole contre la mienne, je suis majeur, il ne peut pas appeler mes parents. C'est dingue, cette soumission animale devant l'autorité. Je m'en voulais de ma docilité. Je ne peux même pas prétexter du prestige de l'uniforme – celui du maître-nageur, par sa légèreté, n'imposant guère le respect. Ça doit venir d'un *Œdipe* mal digéré ; il suffit qu'on aboie un peu fort et je redeviens un enfant tremblant de culpabilité.

Nous sommes arrivés dans son bureau, qu'une vitre séparait du bassin, qui commençait à se déserter vu l'heure tardive. Le représentant de l'ordre s'est planté face à moi, les bras croisés sur son tee-shirt impeccable. Je mis un point d'honneur à soutenir son regard broussailleux qui lançait des éclairs. Il était évident cependant que le rapport des forces en présence ne jouait pas en ma faveur. Un mètre quatre-vingt de muscles, une carrure d'ancien crawleur olympique, des membres larges et velus de catcheur qui ne veut pas décrocher du ring – autant dire qu'il ne me restait que le choix de la négociation amiable.

– Je ne comprends pas. Qu'est-ce que vous me voulez ?

– T'as rien à me raconter ?

– Eh bien, non, je ne vois vraiment pas...

– Alors, rentre là-dedans, ça t'aidera à retrouver la mémoire !

Il ouvrit une porte dans le fond de son bureau, donnant sur une sorte de cagibi, encombré de toutes sortes d'accessoires. Quand il me poussa à l'intérieur, j'eus la chance de tomber sur un tas de ceintures en mousse. Je me mis à hurler.

– Tu peux toujours gueuler, la piscine va fermer.

Et il m'enferma à clef. Je me suis relevé pour cogner contre la porte, donnant du poing, du pied et de la voix. Je m'arrêtai vite, autant par sens du ridicule que par manque de force. Je croyais halluciner. J'étais pris au piège par une espèce de flic raté, qui voulait jouer à la garde-à-vue. Une angoisse me saisit en songeant que ce psychopathe avait peut-être aussi dans l'idée de me soumettre à la torture pour me faire avouer. Non, je commençais moi-même à délirer. Je devais me calmer.

À tâtons, je cherchai et trouvai l'interrupteur sur le mur, près de l'entrée. Combien de temps allais-je rester ici ? La porte semblait solide, aucune fenêtre n'existait, rien qu'une bouche d'aération, si petite que seul un rat eût pu s'y glisser. Je n'avais sur moi que mon slip de bain, ma serviette, mes claquettes et le reste de mon gel douche. J'inventoriai rapidement le contenu de ma prison : des ceintures pour baigneurs débutants – celles qui avaient soulagé ma chute –, deux perches métalliques, une pile de planches en mousse, un rouleau de câble plastique blanc ponctué de flotteurs rouges et un bâton en bois vernis, sorte de témoin pour la course de relais. Le bas de la porte était trop étroit pour pouvoir y glisser quoi que ce fût et faire levier. Que faire d'autre qu'attendre ? Il outrepassait ses droits en me séquestrant. S'il disposait d'un tant soit peu de jugeote, il ne prendrait pas le risque de me retenir longtemps.

Ainsi incroyable que cela puisse paraître, en dépit du stress de la situation, à force d'attendre le retour de mon geôlier, je finis par m'endormir. La fatigue accumulée en cette fin de semaine, l'effort physique récemment produit, l'obscurité, la chaleur et le confort des éléments en mousse eurent raison de ma vigilance.

Quelqu'un me secouait l'épaule. Je me réveillai en sursaut. Planté sur le seuil du cagibi, le colosse en slip de bain attendait, les bras toujours croisés. Malheureusement, ce n'était pas qu'un mauvais rêve.

– Alors, on est devenu raisonnable, on est prêt à tout me raconter ?

Il n'aboyait plus comme un chien de garde. Son ton mielleux était celui d'un infirmier psychiatrique sortant un fou de sa cellule d'isolation. C'est pourtant lui qui méritait la camisole.

– Il me semble que vous en avez vu autant que moi, si ce n'est plus…

– C'est vrai. Mais j'ai besoin que tu me racontes, que ça sorte de ta bouche.

– Et après, que se passera-t-il ? Vous voulez me faire signer des aveux ?

– Après, tu pourras partir.

Je ne savais que penser. Voulait-il m'humilier, jouer avec mes nerfs, assouvir une sorte de fantasme ? Il claqua la porte dans son dos, sortit une clef du creux de sa main, la tourna dans la serrure, puis la logea au chaud dans son maillot, plutôt bien achalandé. La nature humaine est bien étrange – ou seulement la mienne ? – mais ce geste incongru m'excita, malgré – ou à cause de – la situation scabreuse.

– Bon. Alors, je commence par quoi ?

– Par les douches.

– Ah bon ? Eh bien, voyons. Il y avait ce type, à l'attitude provocante, il ne m'a pas laissé indifférent, puis il est parti aux toilettes...

– Ttt, pas si vite. Qu'est-ce qu'il a fait sous la douche ?

– Vous ne voulez quand même pas les détails ?

– Tous les détails ! Tu ne sortiras pas avant.

Je soupirai d'impatience, il fronça les sourcils. Je compris qu'il n'en démordrait pas, qu'il me faudrait en passer par là.

– Il se caressait sous son maillot. En s'assurant que je le regardais.

– Mets-toi debout.

– Pour quoi faire ?

– Debout !

J'obtempérai avec mauvaise grâce. Je vous jure que je n'en menais pas large.

– Montre-moi.

– Quoi ?

– Comment il faisait dans son slip !

J'ai ressenti un vertige, découvrant l'abîme qui s'ouvrait devant moi. Puis, sans réfléchir, j'ai sauté le pas. Je ne sais pas ce qui m'a pris, mais à partir de ce moment-là, je n'ai plus tremblé. J'y suis allé franco. Un instinct de survie me commandait de jouer le jeu à fond, que c'était le seul moyen d'échapper à la violence potentielle de ce maniaque.

J'ai plongé la main dans mon maillot, j'ai empoigné ma bite et je l'ai tournée, en exagérant l'obscénité de la posture. J'ai vu son œil devenir vague en me fixant. Sa voix a changé aussi, plus grêle, plus docile. Et il s'est mis à m'imiter. Sans quitter les yeux de mon maillot, il a attrapé son propre paquet, s'est mis à le pétrir comme de la pâte au levain. Qui, d'ailleurs, ne tarda pas à lever.

– Comme ça ? C'est bien comme ça qu'il faisait ? Et toi, tu faisais quoi pendant ce temps-là ?

– Moi, j'ai pris mon gel douche et j'en ai versé dans mon slip.

– Fais voir comment.

– Mais euh…

– Fais-le !

– D'accord, d'accord.

– Et t'arrête pas de raconter.

J'ai saisi ma bouteille, l'ai tenue au-dessus de mon maillot.

– Alors, j'ai fait couler le savon liquide sur ma bite, ça faisait froid entre mes couilles, mais quand j'ai commencé à frotter par-dessus le tissu, c'est devenu chaud et très doux, on voyait la mousse déborder de mon slip…

Tout en mimant la scène, avec le plus de réalisme possible, je regardais mon maître-nageur faire éclore de son maillot un légume miraculeux, arrosé de quelque engrais magique, qui provoquait une croissance instantanée et apparemment illimitée. Je bandais aussi. Mais, je l'avoue sans honte, ma queue ne souffrait pas la comparaison avec celle qui s'épanouissait devant moi. Je voyais son gland moulé remonter sous le slip, de l'aine jusqu'à la hanche, en s'agitant de palpitations désordonnées. Plus l'homme se touchait, plus le contrôle de son corps semblait lui échapper.

Et plus je le trouvais désirable. Je commençais alors seulement à le considérer comme une proie comestible. Rigide et galbé dans sa tenue moulante, il dégageait un curieux mélange de sensualité réprimée et de charme aguerri.

– Et après, t'as fait quoi ?

– Après, comme on bandait tous les deux très fort, on a sorti nos queues.

J'ai réellement sorti la mienne. Mais le maître-nageur, maître-queue, s'est abstenu. Une résistance jouait encore. Je me piquai de relever ce défi. Tandis que je balançais des hanches, en me décalottant à chaque aller-retour, je repris mon récit. Pour que le manipulé devienne manipulateur, je devais faire de mes mots un protocole à suivre, un rituel à appliquer, à la lettre.

– Comme il était très excité, il s'est caressé les fesses en continuant à se branler de l'autre main.

Et mon homme de s'exécuter. S'astiquant de la main gauche, il se passe la droite, maladroite, sur l'arrière-train. Sa paume rêche accroche sur le slip en acrylique. Il est obligé de se cambrer pour arrondir sa caresse d'ours pas encore léché.

– Comme il s'excitait de plus en plus, il s'est enfoncé un doigt entre les fesses.

Fermant les yeux, il glisse sa main sous le tissu, pointe un doigt dans la raie de son cul, qui m'apparaît, de biais, aussi velu que celui de mon nageur était glabre. Forçant à peine les effets de mon excitation, j'accélère le rythme de ma respiration. Il se prend à haleter de concert. Une devant, une derrière, ses mains dévouées à leur besogne ont fini par repousser le slip sur les cuisses. Je contemple enfin ce membre impressionnant, qui pourrait se tenir droit sans tuteur, au large corps veiné, à la tête dodue, où perle une goutte claire.

– Comme je suis, moi aussi, très excité, j'approche ma main pour…

– Touche pas !

Il a rouvert les yeux, s'est reculé d'un pas. J'ai craint que le charme ne fût rompu. Mais il a refermé les yeux pour poursuivre ses activités manuelles et j'ai continué ma mélopée libidineuse, respectant désormais ses limites. Je me contentai de me décaler sur le côté pour mieux jouir de son exhibition. Ses tétons pointaient sous le tee-shirt moulant.

– Je ne faisais que le regarder. Mais lui se déchaînait de plus en plus. Maintenant il se touchait le torse.

Il abandonne sa queue, raide comme un gourdin, pour frotter sa paume contre son torse, froissant le tissu 100 % coton. Recherchant le seul contact de sa peau, il soulève le tee-shirt par-dessus sa tête, laissant les épaules engagées. M'apparaît un poitrail superbe, aux lignes de forces soulignées par une toison bouclée, aux mamelons larges, aux tétons épais, soutenue par une ceinture abdominale alléchante. Quasiment nu, les doigts pinçant la poitrine, le fessier relevé, la queue battant l'air, tous muscles bandés, il ressemble aux chevaux cabrés des tableaux de Jéricho. Je ne peux plus me toucher.

– Dans les toilettes, il a commencé par sucer ma queue…

– Non…

– Si !

Il a raison, le nageur ne m'a pas sucé. Mais ce n'est pas cette réalité qui m'intéresse, c'est ce que je peux en faire maintenant.

Il arrondit les lèvres, comme les bébés sous le réflexe de succion. Il ne veut pas de contact, jamais il ne tétera ma bite. Une idée fulgurante : je lui tends le bâton de bois verni que j'ai trouvé dans le cagibi. Rassuré par cet objet familier, il le porte à sa bouche, y promène la langue, le suçote, l'enfourne de plus en plus profondément dans sa bouche, tousse au bord de l'étouffement, reprend sa dégustation, accompagnée de claquements de langue et de ronronnements gourmands.

– Après m'avoir sucé à fond, il s'est appuyé contre la paroi et il a tendu son cul pour accueillir ma bite.

Le maître-nageur s'appuie contre la paroi et tend son cul.

Passant le bras entre ses cuisses puissantes, il pousse le bout du bâton contre son anus, sans grand résultat. Sous le contraste du bronzage, ses fesses me semblent encore plus larges et rebondies. Son dos taillé en V roule sous le jeu des muscles en éveil.

Courant le risque d'une mauvaise réaction, je saisis délicatement l'autre bout du bâton, glissant de salive. Je ne m'arrête surtout pas de lui parler.

– J'ai frotté ma bite le long de sa raie.

Ce que je fais, avec le bâton. Le quarantenaire ne résiste pas, adopte la bonne position, imitant parfaitement le jeune homme des toilettes. Le passage du témoin sur sa marge anale déclenche des petits frissons et de grands soupirs.

– J'ai bien lubrifié ma bite.

Je cherche des yeux ma bouteille de gel douche, la rapproche avec mon pied, en vide le fond sur le bout du bâton. Que je lui colle sur la pastille rose.

– Alors, je l'ai enculé.

Et à la fin de l'envoi, j'encule.

Après une introduction délicate, le godemiché improvisé s'est enfoncé presque trop facilement. Le maître-nageur s'est raidi, a lâché comme un cri d'étonnement. En effet, l'engin est plutôt large, plus épais que ma bite, en tout cas, mais pas plus que la sienne. J'ai fait marche arrière, avant de replonger. Il est monté sur la pointe des pieds, bloquant ses sphincters. Comment lui expliquer qu'il doit pousser de l'intérieur pour mieux recevoir de l'extérieur ?

– Il ouvrait son cul comme s'il chiait ma queue. Il n'avait pas mal. Je ne lui donnais pas ma bite, il me la prenait.

Il s'est détendu lentement, s'est ouvert, passant de la défensive à l'offensive. J'ai dû caler le bâton à deux mains pour résister à ses ruades. Je finis par craindre que ses fesses n'engloutissent le témoin tout entier. À partir de ce moment et jusqu'à la fin de nos ébats paradoxaux, il n'a cessé d'émettre un grognement, comme un sujet sous hypnose.

Me prit la fantaisie de changer de position, pour varier les plaisirs. Je tirai l'épaule du maître-nageur.

– Ensuite, il a voulu que je le prenne par-devant.

Il s'est allongé sur le dos, docile comme un esclave sexuel. Je lui ai arraché son slip. Il a attrapé ses jambes par le creux des genoux, a basculé le poids de son corps sur sa nuque, m'offrant son cul à la verticale. Je l'ai littéralement pilonné de ma bite en bois. Son anus était si détendu que, lorsque je ressortais le godemiché, le trou restait béant. Il gémissait constamment. J'éprouvais un plaisir effrayant à tenir le sien à ma merci.

Un déclic se fit. Il ne jouait plus.

– Prends-moi, putain, prends-moi maintenant.

Ce n'était pas l'envie que me manquait…

– Je ne peux pas, je n'ai pas de…

– Dans le tiroir du bureau !

J'ai trouvé une capote au fin fond de son tiroir.

Le maître-nageur m'attendait, toujours sur le dos.

Je l'ai enfilé comme une femme, ses jambes verrouillées autour de mes reins. Avec une fureur que je ne me connaissais pas, j'ai bourré cet archétype de virilité, ce corps de dominant, puissant, velu et musclé. Le chef de meute était ma chienne. Il a joui sans se toucher, à la seule force de ma queue. Quand il a desserré son étreinte, je me suis levé. Jambes écartées au-dessus de lui, j'ai tendu mon sexe pour gicler sur sa gueule de mâle. C'est là, je crois, que j'ai résolu mon complexe d'Œdipe. Il était temps.

* * *

Je n'ai plus la flemme d'aller une fois par semaine à la piscine. Toujours la même. J'ai gagné en carrure. Je trace mes vingt longueurs et, quand le dernier nageur a quitté le bassin, je baise le maître-nageur. Il me pompe et je le défonce, dans son bureau ou ailleurs, avec ou sans ustensile. C'est délicieusement violent.

# Pour la peau d'un ami

– Au moins dix ans, non ?

Mais il n'a pas changé. Quelques ridules au coin de ses yeux verts, le cheveu blond un peu moins fourni, une fine barbe de trois jours, un léger laisser-aller dans la silhouette, Sébastien porte plutôt bien ses trente-six ans. J'espère qu'il pense la même chose de moi, tandis qu'il me détaille aussi du regard. Le sourire est intact, large et ourlé de lèvres charnues, comme au temps de l'université.

Quelle surprise de se retrouver dans cet aéroport de province, en plein croisement entre juillettistes et aoûtiens, dans ce hall suffocant et encombré de vacanciers hargneux ! Il me dit que mon visage lui disait bien quelque chose, mais qu'il n'aurait jamais osé m'aborder. Il semble goûter autant que moi le plaisir de ces retrouvailles impromptues. Comme je m'absorbe tout entier dans sa contemplation, il s'empourpre et produit un visible effort de mémoire pour s'enquérir de ma vie :

– Le boulot, ça va ? Toujours instit, c'est ça ?

Il y a du reproche dans sa voix, à croire que ce qu'il jugeait déjà à l'époque comme un manque d'ambition n'a jamais cessé de le décevoir. Je n'y prête pas attention. La question à venir devrait concerner l'environnement affectif. Alors qu'il danse d'un pied sur l'autre, je songe que cette timidité m'a toujours attendri.

– Et ton… copain, ça va ? Frédéric, je crois.

– Fred et moi sommes séparés depuis six mois.

– Ah oui ?

– Mais nous restons bons amis.

Son sourire est ambigu. Est-ce du regret ou de la satisfaction ? Misons sur les deux. Sébastien m'apprécie assez pour vouloir mon bonheur, fût-il en contradiction avec la norme, mais reste suffisamment hétéro pour espérer mon retour dans le droit chemin.

– Stéphanie va très bien. On est mariés maintenant, tu sais ?

– J'ignorais.

Qu'il ne compte pas sur moi pour la partition sociale des politesses convenues. Je m'abstiendrai de tout commentaire. Ce dont il s'arrange très bien.

– J'ai deux enfants. Stéphanie a arrêté de travailler. Moi, je voyage un peu moins qu'avant. Tout va bien. La routine, quoi !

– Et c'est bien, la routine ?

Il lâche un rire forcé, regarde autour de lui, cherchant l'échappatoire.

– En tout cas, tu as l'air en pleine forme !

– J'essaie de m'entretenir.

Son compliment était plus général qu'une allusion à mon aspect physique. Mais je n'ai pu m'empêcher d'y amener la conversation. Sans doute parce que son propre corps m'émeut plus aujourd'hui que dix années auparavant. À cette époque, aucune ambiguïté n'existait entre nous. Du moins, je ne m'en souviens pas. Du poil cuivré mousse de son col de chemise sans cravate.

D'une traite, il m'explique alors la situation : son vol pour Toulouse annulé à la dernière minute, son énervement au guichet de la compagnie aérienne désorganisée, son rendez-vous professionnel qu'il n'arrive pas à re-caler. Je ris en lui répondant que je devais prendre le même vol et que j'attends d'être dirigé sur un autre avion ou vers un autre aéroport. Rentrant d'une semaine de vacances, je n'ai cependant pas les mêmes contraintes que lui. S'amusant de la coïncidence, il se détend en décidant de prendre la chose avec philosophie.

* * *

Nous avons arpenté les couloirs de l'aéroport, devisant de banalités, nous remémorant les inévitables anecdotes de nos années estudiantines, les profs excentriques, les filles allumeuses. Il a besoin d'insister sur son donjuanisme ; je ne me prive pas de lui rappeler tel camarade ou tel assistant que j'avais entrepris et parfois bibliquement connu. Alors il rit trop fort et s'éponge le front.

Quand nous revenons au guichet, l'hôtesse nous annonce avec stoïcisme que le prochain vol pour Toulouse ne décollera qu'à la première heure demain. Sans nous laisser le loisir de protester, elle demande, cette fois avec embarras, si nous accepterions, considérant la saturation saisonnière des hôtels du voisinage et la convivialité qui semble nous lier, de partager la même chambre pour la nuit. Sébastien prend l'air offusqué, bafouille en se tournant vers moi, puis vers l'hôtesse à nouveau. Je tranche :

– Aucun problème.

Ma réaction le surprend, le soulage aussi. Mais une gêne survient aussitôt, au point qu'il se contente d'opiner du chef, le regard fuyant, pour confirmer son accord. Je me penche alors pour murmurer quelques mots à l'hôtesse, qui m'offre en réponse un sourire ému.

* * *

Convoqués pour le lendemain de bonne heure, nous avons expédié notre dîner au restaurant de l'hôtel avant de monter à la chambre. Dès l'entrée, il remarque comme moi le lit double mais se garde d'en faire mention. Je me sens soudain aussi maladroit que lui, comme deux jeunes pensionnaires au premier jour de leur promiscuité forcée. Après les politesses de rigueur, il est convenu que j'utilise la salle de bain en premier.

Sous le jet de la douche, je souris à la pensée de cette circonstance à la fois cocasse et émouvante. J'ai rapidement retrouvé mes marques avec Sébastien, le provoquant à plaisir et partageant avec lui la même ironie mordante sur le monde et ses aberrations.

Toutefois un trouble nouveau alourdit nos plaisanteries et je sens avec déception que nous forçons un peu la note.

Nous avons vieilli. Quoi qu'il en soit, je suis heureux de sa présence. En me savonnant l'entrejambe, je remarque même un début d'érection, que je m'applique aussitôt à réfréner sous l'eau froide.

Sébastien toque à la porte alors que je finis de m'essuyer. Il attend mon autorisation pour entrer et me prie de l'excuser :

– Je ne pouvais plus attendre…

J'entends qu'il urine sur les bords intérieurs de la cuvette pour atténuer le son du ruissellement. Cette attention me touche, autant que la vue de son dos nu, constellé de grains de beauté, où la taille s'évase raisonnablement au-dessus de la ceinture. Je le laisse tirer la chasse d'eau avant de le taquiner :

– Attention à la bouée…

Il se contente de sourire en pinçant son léger bourrelet. D'abord à la dérobée, retourné vers le miroir du lavabo pour vérifier l'état de sa barbe, ensuite me faisant face plus ouvertement, je le vois détailler mon torse, de la poitrine au bas-ventre, sur lequel j'ai noué ma serviette.

– C'est vrai que toi, tu t'entretiens !

Encore une fois, je sens un mélange de sentiments dans ses paroles, entre moquerie et admiration. Par réflexe, je passe mes mains sur cette barre abdominale chèrement acquise.

– Des heures de sacrifice…

– Faut être à l'Éducation nationale pour avoir autant de temps à consacrer à son… académie !

– Taratata, ce n'est qu'une question de volonté.

Il hausse les épaules, se contentant de frotter son ventre mou. Je suis des yeux la ligne de poils fauves remontant de son nombril et s'épanouissant pour souligner les pectoraux faiblement rebondis.

– Il me semble que tu n'étais pas aussi poilu…

– C'est vrai. Ce que je perds sur le crâne semble se réimplanter sur mon torse !

Il rit de bon cœur, promenant une paume sur son début de calvitie, puis sur sa poitrine. Les mamelons sont larges, les tétons saillants.

Je ne sais pas s'il a surpris l'étincelle dans mon regard. Il se retourne au-dessus du lavabo et, après avoir tiré la fermeture éclair de sa trousse de toilette, attrape de quoi se raser. De mon côté, je laisse choir la serviette sur le carrelage et enfile un caleçon propre, avant de m'essuyer consciencieusement les cheveux.

Le rasoir électrique a rapidement raison de ses quelques poils au menton. Quand il se retourne, il hésite, les doigts sur la boucle de sa ceinture, comme pour me signifier que l'exiguïté des lieux et ma présence mettent sa pudeur au défi. Je feins de ne pas comprendre et m'impose davantage :

– Je peux me laver les dents pendant que tu te douches ?

– Oui, oui, bien sûr…

Je prends sa place au lavabo, usant du miroir pour ne rien perdre du spectacle. Il a pris soin de se retourner. La brosse en bouche, je le vois ôter son pantalon de toile. Il fait glisser rapidement son slip de coton blanc sur de blanches fesses rebondies, s'engouffre derrière le rideau translucide et tourne aussitôt le robinet de la douche.

Surpris par la température, il étouffe un juron et commence à se savonner énergiquement, me tournant radicalement le dos.

Je prends mon temps. Je l'emploie à me brosser les dents avec une ferveur qui commence à mettre mes gencives à mal. Sébastien baisse le volume du jet et se met à fredonner un air à la mode. Je ris intérieurement de cette scène si délicieusement domestique, une caricature de conjugalité. Sa question m'a pris au dépourvu :

– Ça fait longtemps que tu te rases le sexe ?

C'est moi qui rougis, cette fois. Il m'avait donc bien observé dans le miroir !

– Euh, non, pas vraiment.

Il se remet à chantonner, si maladroitement que je mesure ainsi ce que sa question a dû lui coûter en audace. Gageant qu'il m'entendra malgré la douche et la chansonnette, je complète ma réponse en feignant la même désinvolture :

– C'est plus hygiénique. Et je trouve que des couilles rasées, c'est plus esthétique.

Je n'osai ajouter qu'elles sont aussi plus agréables à lécher, mais je le pensais très fort en fixant à travers le rideau en plastique la rondeur de son fessier.

J'ai décidé de quitter la salle de bain et de m'étendre devant le journal télévisé afin de calmer des ardeurs redevenues embarrassantes. Malgré mes efforts, je reste cependant captivé par les bruits et les odeurs qui me rendent compte de l'activité de Sébastien dans la pièce d'à côté. Désormais, sa douche ne coule plus, la serviette a fini de frotter, la brosse de rafraîchir sa bouche. Un silence s'installe. Je sursaute quand il ouvre la porte, se penchant dans l'entrebâillement.

– Excuse-moi, je n'avais pas prévu de pyjama, tu n'aurais pas quelque chose à me prêter ?

Bien que la chose m'eût ravi, je ne peux décemment pas lui suggérer de dormir nu à mes côtés.

– Si, bien sûr.

Après une fouille rapide de ma valise, je tends à Sébastien un de mes boxer-shorts. Il considère le vêtement une seconde, mesurant l'ampleur de l'embarras dans lequel il s'est mis, puis disparaît. J'avoue que je suis impatient de voir le résultat.

Quand il reparaît, il fait prestement le tour du lit, pour plier ses vêtements sur sa valise. Surprenant mon regard suiveur, il rit jaune :

– Je n'ai pas l'air trop ridicule ?

– Ça te va très bien.

– Inutile de te moquer !

– Je te promets…

– Je me sens quand même un peu serré.

Tout commentaire de ma part relèverait de l'indécence. Par-derrière, le boxer galbe son fessier en enserrant le haut de ses cuisses charnues. Par-devant, les trois boutons s'étirent sur un paquet volumineux. Je crois que Sébastien ne soupçonne pas à quel point sa tenue exalte la considération émue que j'éprouve à cet instant précis à l'égard de mon vieil ami.

Enfin, il vient se coucher avec moi.

Allongés à demi-nus, côte à côte par-dessus les draps, nous regardons sans un mot le journal télévisé. Je ne pourrais pas en rapporter le contenu, beaucoup plus passionné par celui du sous-vêtement voisin, dont le boutonnage baille opportunément. J'y jette des regards clandestins, en retenant mon souffle et avalant bruyamment ma salive. Il a dû s'en rendre compte, car il finit par croiser ses jambes, m'interdisant tout voyeurisme.

Après la météo, il me demande la permission de zapper sur les chaînes disponibles. Moi, je suis si nerveux qu'aucun film au monde ne pourrait retenir mon intérêt. Faisant défiler le bouquet complet, il ne trouve visiblement aucun programme à sa convenance. Soudain apparaît en gros plan une scène de fellation, qui nous coupe le souffle.

La scène n'a duré que quelques secondes, c'est un teasing pour une chaîne porno à péage. Passé la surprise, nous éclatons de rire comme deux pré-pubères devant leur premier film de cul. Il zappe et revient sur la chaîne, pour prolonger la scène.

– Quelle bouche !

– Quelle bite !

Nos commentaires spontanés, si synchrones et si divergents, dégèlent enfin l'atmosphère. Sébastien reprend son zapping, mais désormais chaque programme devient motif à discussion débridée, le plus souvent émaillée d'allusions égrillardes. Ne manque plus que le documentaire animalier sur la reproduction des grands mammifères… En tout cas, aucun de nous ne semble prêt à dormir, malgré la convocation fixée aux aurores.

Notre position assise manquant de confort, Sébastien émet un grognement de douleur en voulant redresser son dos contre la tête du lit. La proposition m'est venue naturellement :

– Tu veux que je te masse ?

Sa pudeur lui commande d'hésiter, mais il finit par céder à l'exposé de mes deux arguments : primo, un copain de colonie d'origine asiatique m'a initié aux meilleures techniques de massage ; secundo, je transporte en permanence dans mes affaires de toilette une fiole d'huile ad hoc. J'invite Sébastien à s'allonger sur le ventre, la tête au bout du lit. La simple vue de son corps ainsi offert à mes mains, sans parler de la présentation de ses fesses moulées dans mon boxer, ne laisse pas de m'émoustiller d'entrée.

Pour ne pas l'effaroucher, je m'agenouille d'abord au bord de son flanc gauche, pour officier dans la largeur du dos. Coulant de la fiole comme un sirop, le filet d'huile tombe entre ses cervicales, roule le long de sa colonne et s'épanche au creux de ses reins, formant comme un lac d'altitude, dont la fraîcheur le fait frissonner des épaules au bassin. Mes paumes y puisent l'onguent qui va assouplir sa peau et magnifier son dos en monts et vallons étincelants. Mes doigts glissent en cercles de plus en plus larges pour répandre une pellicule uniforme sur toute la surface disponible, selon un rythme croissant qui transforme bientôt l'effet de succion visqueuse en tendre raclement. Nos épidermes en contact manuel s'échauffent rapidement.

Je pétris d'un flanc à l'autre, visse mes pouces entre chaque côte, baratte le cou, pilonne les lombaires, déroule mes phalanges de l'omoplate au coccyx. L'ami vietnamien m'a enseigné comment réunir le bout des doigts tendus et écartés pour former comme un battoir digital que l'on vient entrechoquer dans l'alignement des disques de la colonne. Attentif aux réactions de Sébastien, je console ses plaintes par une caresse, encourage ses râles d'une manipulation plus corsée. Je dresse son corps à l'hypersensibilité.

Sa peau est rapidement chaude et détendue, ce qui sonne l'heure de passer à la phase deux du massage. Je lisse, pour l'assouplir comme une selle, cette partie au bas du dos recouverte d'une fine toison et qui est la trace la plus troublante de notre lointaine origine animale. J'enfourche ses reins et m'y cale. Sébastien ne proteste pas. Ainsi installé, j'ai tout loisir d'allonger mes pressions sur la longueur de son tronc. Je pousse, fronce, décolle sa peau, la roule en vaguelettes horizontales, déferlant de haut en bas. Au début de mes manipulations, mon ami avait pris le parti, sans doute pour dissimuler son embarras, de m'entretenir à haute voix de tout commentaire que son inspiration lui dictait au spectacle de la télévision. Désormais, il ne dit plus rien, ou du moins plus rien d'intelligible.

Au bout de quelques minutes, son dos s'est enflammé au point que sa peau rubiconde ne supporte plus la brûlure du plein contact. Je décolle alors mes cuisses de leur assise et reste au-dessus de lui, comme un jockey en suspension sur ses étriers. Je fais d'abord circuler mes mains retournées, en effleurant seulement, pour qu'un léger courant d'air rafraîchisse son épiderme par le frôlement des poils. Puis j'effleure ses flancs du bout des doigts, avec une subtilité qui ne manque pas de déclencher plusieurs frissons le long de son échine. Enfin, laisser reposer, comme pour une pâte à crêpes.

L'étape suivante exige une dextérité dont dépendra l'issue de l'opération complète. Recueillant comme la rosée la sueur de ses aisselles ouvertes, je laisse glisser mes doigts de l'autre côté du torse, simultanément, toujours plus loin, en direction de la poitrine. Je sens d'abord les poils du poitrail et bientôt, la ronde des pointillés cernant les mamelons. Sébastien se contracte à l'approche de la zone sensible, enfonce son torse dans le matelas pour bloquer mes doigts. Pour faire diversion, je reprends mes effleurements dorsaux, puis reviens à l'assaut, toujours progressivement, par encerclements. J'atteins enfin les tétons.

Le toucher de cette partie hautement érogène déclenche comme une onde électrique. Dans un grognement, Sébastien se cambre d'un spasme qui le soulève des épaules jusqu'aux chevilles. Il se ressaisit en étirant ses membres, se place en appui sur les avant-bras. Il dégage ainsi le haut du torse, m'autorisant à poursuivre mes audacieuses caresses. Tout à mon labeur, cassé en deux, je sens une goutte de sueur perler au bout de mon nez. Mais rien ne pourrait me distraire ou me lasser à ce stade de nos attouchements. Tour à tour, je titille la pointe de ses tétons, les pince ou empoigne toute la poitrine et tire sur ses poils.

Ce faisant, je remarque plus bas l'activité du bassin. Sous l'excitation, Sébastien s'est mis à remuer son fessier dans un mouvement de va-et-vient. Il laboure doucement le matelas d'un soc que je me languis de découvrir. Profitant de cette frénésie, j'abandonne sa poitrine, coulisse des mains jusqu'à sa taille, saisis le bord de son boxer et le baisse jusqu'à mi-fesse. Surpris, mon ami cesse son déhanchement. Je m'empresse de le rassurer :

– On oublie souvent de masser le fessier…

Il se redresse. Veut-il que j'arrête ? Il glisse la main droite sous son ventre, remet quelque chose en place, se recouche. Fausse alerte. Et je comprends que son sexe lui devient encombrant…

M'estimant encouragé, j'imprime mes paumes sur sa partie charnue et masse d'un geste circulaire. D'abord mollement, puis plus vigoureusement. Ne le voyant pas réagir davantage, je remonte une main jusqu'à son téton, laissant l'autre triturer la fesse. Sébastien recommence à remuer. J'ai le bonheur de voir le haut de son cul si rond et si blanc se contracter alternativement et la sueur de son échine couler à l'intérieur de sa raie. Ramenant les deux mains, j'encourage et accompagne ses mouvements langoureux.

Dans le frottement sur le drap, son sous-vêtement glisse toujours plus bas. Quand il se trouve froncé, menaçant de gêner le branlement, j'attrape le tissu et le dégage des jambes de Sébastien, qui doit soulever les genoux puis les chevilles pour s'en débarrasser tout à fait. Le corps de mon ami, enfin entièrement nu, s'agite entre mes jambes, offert à ma vue, couché sur son plaisir. Je passe quelques secondes à m'enivrer de cette vision, focalisant sur la pastille froncée qui se laisse apercevoir au creux des fesses.

N'y résistant plus, je m'assieds sur ses reins et me cambre alternativement pour en épouser le mouvement. Mon bassin coulisse sur ses lombaires par la vertu de la sueur se mêlant à l'huile épandue. Dans l'agitation, mon sexe devenu rigide et lourd pointe par la fente de mon caleçon et frotte sur la peau de Sébastien. Je colle mon ventre contre son dos ondoyant, puis me redresse, m'imaginant chevaucher un étalon sauvage refusant de se laisser débourrer. Pour flatter sa croupe, j'applique ma main sur son fessier, m'infiltre dans la raie humide et, sans forcer, sans presque y penser, enfonce dans ses entrailles la moitié d'un doigt.

Comme un ressort détendu, Sébastien se redresse sur les genoux, me désarçonnant à demi. Pas question d'abandonner avant la ligne droite. Je reviens me coller à son dos, à genoux comme lui, reprenant mes caresses voluptueuses sur son torse, cette fois jusqu'au bas-ventre. Respirant fort, mon ami renverse la tête sur mon épaule et, passant les bras en arrière, empoigne mes fesses pour m'aider à retrouver son rythme. Soudés, nous ne sommes plus qu'un seul corps se convulsant de plaisir. Frottant contre son cul, ma queue glisse et se loge contre le haut de ses cuisses. Sentant battre mon sexe sur sa peau, il libère sa main droite et la passe entre ses fesses pour m'empoigner et me branler. Au comble de l'excitation, j'attrape son membre à mon tour, effleure son gland.

C'est à ce moment-là, aussitôt, que Sébastien a joui. En plusieurs soubresauts, son sexe s'est tendu et a déversé sur mon poing un sperme chaud et abondant.

Ensuite, il a quitté nos draps et s'est enfermé dans la salle de bain.

* * *

Je reste stupide, seul sur le lit, à genoux, frustré et débandant déjà. Que penser ? Soit qu'il est un tel égoïste qu'il ne se soucie même pas de mon plaisir, soit qu'il est à ce point honteux de notre frotti-frotta qu'il doit en laver aussitôt toute trace. Je lui fais la grâce de choisir la seconde option, et remballe mon sexe dans mon caleçon.

Sébastien revient dans la chambre, aussi décontracté que s'il remontait du bureau de tabac. Il apporte une serviette, qu'il frotte sur le lit pour nettoyer les tâches de sperme, balance le linge souillé dans la salle de bain, va entrouvrir la fenêtre, s'engouffre sous le drap – ne semblant désormais guère plus encombré de sa nudité face à moi qu'au milieu d'un vestiaire de footballeurs. Il suggère d'arrêter la télévision – vu l'heure tardive, décroche un bâillement qui me paraît forcé, me souhaite bonne nuit et éteint la lumière. C'est donc déjà dans le noir que je lui retourne la politesse d'un ton contrit.

C'est comme si on m'avait jeté un seau d'eau froide juste avant le coït. De quoi rendre fou le moins excité des mâles ! Comment trouver le sommeil après ça ? Une luminosité se répand par la fenêtre : la pleine lune, j'aurais dû m'en douter… Je me couche sur le ventre, enfonce ma figure dans l'oreiller, impose le vide en mon esprit.

Je tourne, me retourne…

* * *

Ma montre aux aiguilles phosphorescentes m'indique qu'à peine trois quarts d'heure se sont écoulés depuis l'extinction des feux. Impossible de m'endormir. Je manque d'air, la sueur ne sèche pas sur ma peau, et surtout des visions érotiques du corps de Sébastien défilent sous mes paupières closes. Je relève la tête: couché sur le flanc, me tournant le dos, Sébastien semble plongé dans le sommeil du bienheureux. Pour ne pas m'agiter ainsi pendant des heures, je décide d'aller prendre une nouvelle douche, froide celle-ci.

En revenant me coucher, apaisé par le léger courant d'air sur ma peau rafraîchie, je vois que mon compagnon de lit a rejeté le drap. Il gît sur le dos, les bras relevés autour de la tête, les jambes écartées, l'une droite, l'autre pliée, son sexe impudiquement couché sur la cuisse. Je m'efforce de m'allonger sans le réveiller.

Je ne tiens la pose que quelques minutes. Je dois me redresser, me mettre sur le flanc, appuyé sur le coude, la tête calée dans la paume, installé pour jouir du spectacle. La poitrine de mon ami se soulève à un rythme calme et régulier. Ses larges mamelons se détachent dans la clarté lunaire. Je me penche pour souffler dans les poils de son torse. Sébastien bouge légèrement, lâche un soupir. Me rapprochant encore, je frotte ma joue contre sa peau reposée, renifle son odeur âcre. Il ne dit rien, mais je perçois un changement dans sa respiration, ses sens retrouvant progressivement leur vigilance.

J'embrasse, l'un après l'autre, ses tétons toujours pointant, promène ma langue autour, les mordille, les aspire pour les grandir. Sébastien prend une profonde inspiration, tortille du bassin, change la position de ses jambes et croise les bras sur son visage, comme pour s'en faire un bandeau. Ma langue mouille un sentier, du creux du plexus solaire, sur la ligne de crête des poils blonds, jusqu'au ravin du nombril, dont je fouille les replis soyeux. Je sens déjà près de ma joue ruer le sexe revigoré de mon ami.

Et sans que j'aie le temps de comprendre, je me retrouve la tête entre ses cuisses, ses mains enserrant mon crâne, son large gland poussant contre mon palais. Sa queue a le goût du sperme séché. Je fronce les lèvres pour astiquer son membre, serrant sa base entre le pouce et l'index comme dans un anneau. Je me délecte sous les gémissements de mon ami, qui offre cette fois libre cours à mon excitation, laissant le plaisir revenir à l'assaut, lui cédant sans tabou.

Tout en le branlant, je pose mes lèvres sur ses couilles, les embrasse, les roule comme des calots dans ma bouche. Sébastien prend appui sur ses pieds pour décoller les reins du lit, me tendant son bas-ventre en offrande. À genoux, tenant ses fesses comme une coupe de fruits, j'enfourne encore sa queue, lui suce les testicules, mouillant leur périphérie de salive. Affamé, j'appuie sur son bassin pour l'étendre à nouveau sur les draps, empoigne fermement ses cuisses pour relever ses jambes et dégager son cul. Ma langue darde dans sa fente, forçant les fronces, pénétrant par petites poussées dans l'anus. Mon amant attrape ses genoux et les remonte sur la poitrine pour s'ouvrir davantage. Ma langue pénètre plus profond. Pour le goûter plus à mon aise, je tire Sébastien au bord du matelas et m'agenouille sur le sol. Reprenant sa queue en bouche, j'enfonce un doigt, puis deux, explore en douceur ses entrailles, jusqu'à caresser les flancs de son point P, comme prostate.

Reprenant soudain l'initiative, Sébastien se retourne, à quatre pattes sur le lit, les reins cambrés, son anneau dilaté réclamant une intrusion plus consistante. J'ai tôt fait d'attraper un préservatif dans la poche de mon jean plié sur ma valise, mais suis plus malhabile à l'enfiler sur ma bite, tant l'excitation me fait trembler. Enfin, je présente ma queue, l'envie de mon ami est si forte que je le pénètre en deux poussées, sans difficulté. Il a lâché un feulement, a étendu ses bras pour mordre dans l'oreiller et se cambrer davantage.

La surprise de cette expérience, certainement nouvelle pour Sébastien, et son application à en tester toutes les sensations l'ont figé un moment dans une attitude passive. Mais bientôt, à mesure que j'approfondis, que j'accélère mes coups de boutoir et qu'il m'accueille en lui, il s'applique à suivre mon rythme et s'offrir davantage à chaque assaut. Il y met une telle passion, s'y découvre une telle agilité que je dois freiner ses ardeurs pour prolonger le plaisir. Bloquant sa taille entre mes mains, je reprends mon souffle en jubilant de pouvoir vivre une telle jouissance.

Après une courte pause, je le possède à nouveau avec un effort qui nous fait haleter de concert et claquer nos deux corps emboîtés. Les paroles de Sébastien, impossibles à reproduire dans leur verdeur, sont des râles, des souffles, des insultes, traduisant successivement sa stupéfaction devant la jouissance inédite, sa douleur quand il se sent déchiré, ses exhortations à ce que je le possède toujours plus loin et plus fort. Sous le plaisir, son corps entier se met à trembler et je le vois écraser ses épaules dans les draps pour mieux s'empaler. Je gémis autant que lui.

N'y tenant plus, je me retire des fesses de Sébastien et lâche mon sperme sur son dos ruisselant de sueur, dans un cri de jouissance. Il tressaute sous les giclées, pousse un dernier râle et s'allonge sur notre lit. Je me laisse tomber à ses côtés.

* * *

Juste avant de s'endormir, Sébastien m'a donné un dernier, long baiser profond. Et m'a demandé :

– Au fait, qu'est-ce que tu as dit à l'oreille de l'hôtesse pour qu'elle rougisse comme ça ?

– Que nous nous étions pacsés la veille.

* * *

Le lendemain à l'aéroport, il en riait encore.

# Des relations de bon voisinage

Quand je suis entré dans le hall de mon nouvel immeuble, titubant sous le poids d'un carton de déménagement, il était retourné face à la paroi vitrée. D'abord, je n'ai pas prêté attention à lui. Puis, en attendant l'ascenseur, mon regard fut attiré par son agitation insolite. Ce grand corps, taillé comme celui d'un joueur de rugby gallois, semblait se frotter lascivement contre le vide. Ce n'est que lorsqu'il s'est mis de côté que j'ai vu la jeune fille menue qu'il dissimulait de sa haute stature.

Il comprimait sa bouche goulue sur le visage de son amie comme s'il eût voulu l'engloutir, pétrissant son sein d'une main large comme un battoir, passée sous le pull, et pressant la cuisse contre son ventre. Si elle n'était pas sa femme, elle était bien, physiquement parlant, sa moitié. Et il lui fallait une belle santé pour ne pas défaillir sous l'ardeur du viril assaillant ! Le poil noir et dru sur les joues et les avant-bras, de type Espagnol ou Portugais, ce garçon dégageait quelque chose d'animal. Je ne suis pas pudibond – on aura déjà pu le constater – mais je restai troublé par le regard qu'il osa me lancer, alors même qu'il se trouvait en pleine action sensuelle. Je plissai mes yeux de myope devant cette provocation flagrante. Lui me regardait le regarder. Ce n'était pas agressif, ni vulgaire. En vérité, je ne savais pas ce que c'était, seulement que j'en ressentis un mélange d'inquiétude et de séduction, d'attirance et de méfiance.

Les portes de l'ascenseur coulissèrent sur le palier du troisième étage. Mon nouveau studio s'ouvrait en face. Je tentai de sortir la clef de ma poche sans poser mon carton. C'était présumer de mon agilité. Le carton bascula sur mon bras et une dizaine de magazines se répandirent sur le seuil. Je finissais juste de tout remettre en place, quand l'ascenseur se rouvrit.

– Besoin d'aide ?

C'était le velu lubrique du hall, qui tendait déjà les bras vers mon carton. Subjugué par cette soudaine promiscuité, je pris un temps de réaction.

– Euh, oui, je veux bien.

– C'est marrant, on est voisins de palier !

Je n'aurais pas imaginé des dents aussi blanches dans une bouche aussi fruste.

– Oui, c'est drôle.

Je m'empressai de tourner ma clef. Il n'attendit pas mon invitation pour s'introduire et s'aventurer à son aise. Les bras toujours chargés, il eut tôt fait de jeter un œil dans chacune des pièces. Je n'osai pas l'arrêter, focalisé sur ses fesses rebondies, moulées dans un jean délavé dont la poche arrière pendait, à moitié déchirée.

– C'est foutu comme chez moi, peut-être un peu plus grand.

Ce cul n'était pas foutu comme chez moi, et certainement plus grand. Quand il me fit face dans l'étroit couloir – songeait-il encore à sa copine ou était-ce habituel ? –, sa braguette élimée me parut remarquablement rebondie.

– C'est sans doute une impression, il y a encore peu de meubles…

Mon carton calé sur le ventre, il ne pouvait pas manquer de remarquer mon regard rivé sur son intimité. J'en fus gêné. Pas lui. Il attendait tranquillement que je lui indique où poser son fardeau.

– Vous n'avez qu'à le poser sur l'armoire de ma chambre.

Il entra à ma suite dans la grande pièce carrée donnant sur la cour. Consciemment ou non, il m'offrit alors une vision encore plus fascinante de son anatomie. Quand il leva les bras, son sweat-shirt bleu marine découvrit un émouvant nombril creusé sur une ligne de poils noirs qui tombait sur un bas-ventre broussailleux. En expert, j'en conclus : slip taille basse ou string, ou rien du tout !

C'est le moment que choisit mon carton pour s'ouvrir par le fond – j'y vis un heureux présage. Et une pluie de magazines se déversa sur les baskets de mon voisin.

Tandis qu'il riait de l'incident, je me précipitai soudain pour ramasser. Je m'efforçai de cacher les revues glacées en les rassemblant en tas. Mais il eut le temps d'en saisir une. Il la feuilleta et le rouge me vint aux joues en imaginant ce qu'il pouvait penser de moi à de la vue de ces culs tendus, couilles rasées, glands turgescents surgissant de ma collection de portfolios érotiques. J'étais grillé le jour même de mon emménagement !

Il ne riait plus. Il ne toussa pas non plus.

– Eh ben…

– Désolé…

Il n'entendait même pas mon embarras. Il s'arrêta sur le poster central, tournant le magazine pour mieux voir.

– Rien d'exceptionnel.

Je dus me répéter mentalement ce qu'il venait de dire pour être sûr de bien comprendre. Avant d'oser lui répondre.

– C'est-à-dire pour quelqu'un de bâti comme vous, peut-être mais…

– Et encore, vous avez rien vu.

J'avalai ma salive. En espérant mieux.

– Je ne demande que ça.

Il releva la tête. J'eus l'impression d'avoir agité une cape rouge devant un taureau sauvage.

– Alors je te fais un strip ou bien on s'encule tout de suite ?

En général, je me laisse rarement surprendre par les propositions sexuelles inopinées, même venant d'hétéros. Mais là, c'était vraiment trop, je ne me sentais pas prêt à assumer. Comment devais-je le prendre ? Pour qui me prenait-il ? Qui allait prendre qui ? Les joues en feu, les mains moites et le menton tremblant, j'attendais bêtement la suite. Il fronça les sourcils comme un policier qui hésite à coller une amende, puis explosa de rire.

– Je déconne !

J'essuyai discrètement la suée de mon front. Je devais avoir l'air complètement stupide. Encore heureux que je n'avais rien dit. Du genre : « Vas-y, fais-moi le grand jeu, bébé ! », ou : « Je préfère te sucer d'abord », ou encore : « Je n'ai pas de beurre dans mon frigo » ! Toujours aussi décontracté, il lança le magazine dans son carton, jeta un nouveau regard alentour, enfonça les poings dans son jean.

– Faut que j'y aille.

– Oui. Merci beaucoup !

– Pas de quoi. Je suis toujours prêt à rendre service. Plomberie, électricité, je suis très bon bricoleur.

– Ah oui ? Pourquoi pas… Il est très possible que je vous appelle, alors.

– Deuxième porte à gauche, appart 19.

Je n'eus pas le temps de lui dire au revoir, il avait déjà claqué ma porte. Je dus m'asseoir dans le canapé pour retrouver mes esprits et me repasser le film de cette scène riche en émotions. Et me branler ensuite sous la douche à pression modulable.

* * *

Une semaine passa. Je n'avais pas une minute de répit entre le travail à l'agence et les mille et un détails administratifs et logistiques à régler suite au déménagement. Je ne savais trop que penser de mon voisin, mais j'y pensais beaucoup. Sur sa boîte à lettres dans le hall, je relevai son prénom : Arturo. M'avait-il fait une vraie-fausse proposition ? Avait-il juste voulu jouer avec ma libido ultrasensible ? Que pouvais-je indécemment espérer ? Après avoir rendu mon nouveau nid présentable, je décidai de faire mes civilités, dans le but inavouable de trouver quelques réponses à mes obsédantes questions. Un mot fut glissé sous la porte de l'appartement 19 :

*Pour vous remercier de votre aide et pendre ma crémaillère, je vous invite à prendre un verre samedi soir à 19h30. Votre voisin du 23. PS : n'hésitez pas à venir accompagné de votre amie, si cela lui fait plaisir.*

Inutile de le préciser, je priai pour qu'il négligeât le post-scriptum. La veille, j'achetai de quoi préparer un apéritif, dont une bouteille de Porto. Mon invité n'avait ni confirmé ni infirmé, mais il est vrai que je ne le lui avais pas demandé. Le soir dit, à 20 heures, toujours personne. Était-il parti en week-end ? Depuis mon mot sous la porte, il est vrai que je ne l'avais pas recroisé. Avait-il seulement oublié ? Je commençai à m'agacer. Quand on sonna.

Je ne vis que lui par l'œilleton de ma porte.

Parce qu'elle était plus petite que le judas. Sans préambule, la jeune femme me tendit une assiette dégageant une forte odeur de graillon. Des boulettes de pâte fumaient encore sur une serviette en papier imbibé d'huile. Mon voisin paraissait très fier des exploits culinaires de son amie :

– Alicia vous a fait des acras de morue.

– Oh, il ne fallait pas !

Je le pensais vraiment.

La piste portugaise se confirmait. Alicia portait une robe noire, avec un châle vert à franges jeté sur les épaules, aussi seyant qu'un vieux plaid sur une plage arrière de Peugeot break. Elle avait relevé ses cheveux de jais en chignon serré et peint ses lèvres en violet. Il ne lui manquait que la moustache.

Arturo portait un sous-pull blanc à col roulé sur un pantalon de survêtement bleu électrique en pure viscose. Je ne pousserai pas la partialité jusqu'à soutenir que sa tenue le mettait en valeur. Mais, depuis notre première rencontre, je posais pour principe que tout lui allait tant que le vêtement servait à souligner son physique alléchant. Rasé de près et les cheveux plaqués en arrière, je l'imaginais avec émotion sortant à peine de la douche, comme un footballeur en troisième mi-temps. Et je n'ai aucune honte à avouer que je me sentais prêt à lui lécher les aisselles, même pommadées de déodorant en stick à bille.

À trop espérer qu'il vînt seul, je n'avais pas prévu d'autre siège en dehors du canapé. Aussi j'installai mes invités aux meilleures places et m'assis de l'autre côté de la table tasse, en tailleur sur un oreiller. Alicia se montra enjouée et curieuse de me connaître, ma famille, mon métier, mes loisirs. Je lui répondais avec une distance courtoise, lui retournant ses questions quand elles devenaient trop indiscrètes à mon goût.

– Disons que pour l'instant, je n'ai personne en particulier dans ma vie. Et vous deux, vous vous connaissez depuis longtemps ?

Arturo apparaissait beaucoup plus timide que lorsqu'il avait mis pour la première fois les pieds dans cet appartement, une semaine plus tôt. Je le sentais embarrassé, se contentant d'acquiescer aux propos de son amie d'un hochement de tête.

– On se fréquente depuis un an et demi. Mais on ne vit pas encore ensemble. Nos familles voudraient qu'on se fiance. Mais on trouve ça plutôt ringard.

La soirée glissa sur d'aimables banalités. Tout en m'adressant à elle, je m'efforçais de ne pas le quitter des yeux. Mais Arturo évitait mon regard, s'attachant à détailler chaque élément de la décoration intérieure. Il fit la fête à mon Porto, demandant à pouvoir s'en resservir au dessert. Je le voyais parfois s'animer, sans raison apparente, comme s'il poursuivait un monologue muet. Par la suite, peut-être l'alcool aidant, il participa davantage à nos échanges. J'en profitai pour le questionner scrupuleusement.

– Je travaille dans le bâtiment, dans l'entreprise du père d'Alicia. En ce moment, on est entre deux chantiers, alors je bricole par-ci par-là. Je me débrouille, quoi… Attends, ça me gêne que tu sois par terre et nous comme des pachas !

Et sans que j'eusse le temps de protester, il s'installa derechef sur le tapis. Avec bonne volonté, Alicia chercha une façon décente de plier les genoux sous sa robe étroite pour nous rejoindre. Sa maladresse déclencha chez Arturo une hilarité qui commença vite à me gagner. Je conjurai son amie de rester sur le canapé, mais elle en fit une affaire personnelle et finit par trouver une pose à peu près tenable et assurément convenable, à la même hauteur que nous.

Je ne me souviens plus par quel détour de la conversation je découvris alors qu'Arturo était un cinéphile acharné. Plus captivé par Spielberg que par Bergman, il faisait néanmoins montre d'une large culture. Voilà enfin un sujet sur lequel nous pouvions lui et moi échanger, pour lequel nous étions tous les deux capables de nous enflammer, Alicia se mettant en recul à ce tournant de la soirée. Je me souviens, cependant, très bien du moment où mon pied gauche toucha la cuisse droite d'Arturo.

Chacun prenant ses aises, je m'étais autorisé à ôter mes chaussures. Et dans l'exubérance de l'évocation passionnée d'une scène favorite, je détendis soudain ma jambe, qui rencontra celle de mon invité. Sans me laisser déstabiliser par l'émotion que provoqua cet attouchement innocent, je m'assurai, tout en poursuivant mon envolée lyrique, que le geste accidentel n'avait pas contrarié Arturo et qu'il avait échappé à Alicia. De fait, celle-ci, dans sa position, ne pouvait avoir vue sur ce qui se déroulait – et allait se poursuivre – sous la table basse.

Je commençai par de furtifs effleurements, afin de tester les réactions. Contre la viscose bleue, ma chaussette noire se posait brièvement, glissait discrètement, puis revenait pour des appuis toujours plus marqués. Arturo ne broncha pas. Il s'amusait même, me semblait-il, à surenchérir sur mon enthousiasme de spectateur assidu des salles obscures. Davantage adepte de la vidéo, il avait une passion pour le nouveau cinéma asiatique. À chaque anecdote, mon pied gagnait du terrain sur sa cuisse. Bientôt je m'enhardis à laisser mes orteils caresser sans interruption le haut de son pantalon. Mon voisin gardait un sang-froid irréprochable, que je pris pour de l'encouragement.

Tendant la jambe au maximum, sans laisser paraître d'effort, je finis par sentir le paquet. Du gros orteil, j'en détaillai les contours, j'en testai la consistance, j'en stimulai la résistance. Sur le visage d'Arturo, je voyais ses joues échaudées et percevais son souffle accéléré. Je crus défaillir quand Alicia se pencha soudain vers son ami.

– Pardon, mais j'ai des fourmis dans les jambes.

Je crus qu'elle avait vu ou deviné quelque chose. En voulant changer de posture, elle fit entendre soudain un bref déchirement.

– Merde, j'ai craqué ma robe !

Je me relevai à contre-cœur, détournant l'attention de l'excitation naissant au creux de mon pantalon, proposai à Alicia d'aller vérifier les dégâts dans la salle de bain et m'offris de l'y accompagner. Elle préféra s'y rendre seule.

Réprimant un fou rire, Arturo fit signe de me rasseoir. Et il eut alors ce geste d'audace. Me fixant dans les yeux, sans dire un mot, il attrapa mon pied d'une main impérieuse et le coucha, l'imprima sur son entre-jambe, où je sentis, sans doute possible, le relief de son sexe en érection. Une queue large et dure, sur laquelle je serrai les orteils. Soudain le visage de mon hôte se crispa et il repoussa mon pied sans ménagement. Je me cognai la cheville contre le montant de la table. Il n'y prêta même pas attention.

Quand Alicia revint de la salle de bain, en nous rassurant sur l'état de ses coutures, elle fut surprise de nous retrouver si sérieux et silencieux. Un mauvais ange passa.

Arturo donna le signal du départ en se levant. À elle, je tendis la joue. À lui, la main. Elle fut chaleureuse. Lui, à peine aimable. Et ils partirent.

* * *

Je gardai plusieurs jours, sur mon plan de cuisine, l'assiette aux acras, que j'avais lavée. J'étais trop perturbé par le récent comportement d'Arturo pour me décider à la rendre à son propriétaire. Comment comprendre cette alternance de chaud et froid qu'il m'avait soufflé ce soir-là ? Comment pouvait-il passer de la provocation au rejet en moins de temps qu'il ne m'en fallait pour débander ? Le résultat était que j'espérais le revoir, avec autant de désir que d'angoisse. On devrait toujours se fier à sa première intuition.

Le samedi suivant au matin, je m'y repris à trois fois avant de sonner au 19. Le carillon électrique me fit sursauter. J'entendis des pieds traîner sur la moquette et vis nettement l'œilleton du judas s'éclairer, puis plus rien. De longues secondes silencieuses s'étirèrent. On ne voulait pas m'ouvrir. Je cachai l'assiette dans mon dos. La minuterie du couloir s'étant écoulée, je fus plongé dans l'obscurité, sans oser rallumer. Je déglutis ma honte et reculai à pas de loup. Quand la porte s'ouvrit, elle déversa un flot de lumière qui m'aveugla.

Arturo m'apparut comme une idole lubrique. Négligemment vêtu d'un marcel largement ouvert sur sa poitrine velue et d'un caleçon court à la propreté douteuse, les jambes frisées et les pieds nus, et brandissant une clef à mollette, il souriait de toutes ses belles dents. Je n'eus pas le temps de le saluer.

– Tu tombes bien ! J'ai un petit problème de plomberie, tu vas pouvoir m'aider.

– Tu es sûr ? Parce que je ne…

Il s'empara de l'assiette, la posa sur un guéridon et m'enjoignit de le suivre, sans écouter mes bafouillages.

Je serais bien incapable de vous dire si la configuration des lieux était bien la même que celle de mon appartement, je ne pourrai même pas vous rendre compte de la décoration, je me contentais de suivre Arturo, qui se déhanchait comme quelqu'un qui n'a pas l'habitude de marcher sans talons. J'avais les yeux rivés sur le bas de ses reins. Son caleçon, dont l'élastique ne serrait plus guère, baillait sur la naissance des fesses.

Dans la salle de bain jouxtant sa chambre à coucher, mon voisin entreprit de m'expliquer qu'il essayait de changer le joint du lavabo. Je ne suis pas du tout technique, mais je compris que quand il essayait de resserrer le machin du dessus, le truc du dessous tournait avec ; j'étais donc chargé, armé d'une pince, de bloquer le bidule correspondant à l'intérieur du meuble. Heureusement, j'étais souple et le placard, entièrement vidé, suffisamment large pour me permettre d'y loger accroupi. La position était inconfortable. Mais elle offrait, je m'en aperçus bien vite, un point de vue formidable : Arturo, à chaque tour de serrage, balançant des coups de rein, à quelques centimètres de mon visage.

À la première manœuvre, l'émoi fut tel que j'en lâchai ma pince. Un juron éclata au-dessus du lavabo. J'assumai :

– Oups ! Autant pour moi... C'est bon, tu peux serrer maintenant. Fort !

Cette fois, je tins bon. Et rapprochai mon visage du caleçon pantelant. Ses ruades m'hypnotisaient. J'approchai encore, jusqu'à risquer la collision. Les ahanements d'Arturo m'encourageaient. Agrippé à ma pince, je le stimulai :

– Vas-y ! Encore plus fort !

Il bascula davantage le bassin et, sans vergogne, je piquai du nez dans son entre-jambe. À deux reprises.

Le caleçon s'immobilisa net. Le plombier amateur se tut. Le temps se suspendit. Je me voyais déjà appelant le SAMU, l'appendice nasal explosé par un coup de clef anglaise... Mais le mouvement reprit de plus belle.

Sans plus de réserve, j'obéis à mon désir. À chaque retour de reins, j'enfouissais mon visage en haut de ses jambes, mordant à travers le tissu fin, sentant dessous se durcir un sexe – dont la plante de mon pied gauche connaissait déjà les contours. Mon partenaire plia les genoux pour faciliter mon exploration. Alors, n'y tenant plus, je posai la pince, levai les deux mains vers la taille d'Arturo, agrippai le bord de son caleçon et le baissai pour délivrer sa queue. Large et dure, comme je l'avais sentie et espérée, elle sursautait d'excitation. Mon voisin ne bougeant plus, je le décalottai et me mis à laper son gland épanoui. À renfort de langue, je flattais le champignon turgescent, qui me semblait prêt à éclater sous l'afflux sanguin. Je pressais mes lèvres le long de sa tige moelleuse, suçotais la base des couilles, revenais sur la fleur suintante.

D'un coup de boutoir, le membre impétueux força ma bouche. Le déhanchement reprit alors de plus belle pour coulisser le piston jusque dans ma gorge. Je ne pouvais qu'imaginer mon Arturo arc-bouté dans sa salle de bain, empoignant des deux mains le bord de son lavabo et poussant du fessier contre le meuble. Cette vision imaginaire me ravissait autant que la sensation très physique de la force de son désir cognant mon palais. Les ahanements avaient recommencé, d'une tout autre nature. Je dus caler une main contre sa hanche pour freiner le rythme. J'en profitai pour pomponner ses valseuses, les aspirant, les roulant contre ma joue. Me tordant le cou, je tentai des incursions sur la ligne qui court de la base des bourses à l'entrée de l'anus. J'abordai prudemment les flancs d'un cratère frémissant. Ne pouvant pousser la langue plus loin, je léchai mon index et, reprenant d'une main le membre en bouche, je me risquai de l'autre à titiller sa pastille.

Je le maintenais fermement, de telle sorte que, par un mouvement régulier de balancier, chaque poussée forçait sa queue dans ma bouche et chaque recul forçait mon doigt dans son cul. La réaction d'Arturo fut d'abord indéterminée à cette série de sensations étroitement combinées, comme s'il hésitait à accepter son plaisir. Puis il libéra son énergie débordante, avec la vigueur d'un étalon qu'on vient de desseller pour le rendre à sa prairie. Il s'ébroua frénétiquement, accélérant le va-et-vient de son bassin, toujours d'avant en arrière, mais aussi de droite à gauche. Transpirant dans mon réduit, sentant venir l'ankylose, manquant presque d'étouffer, je n'étais plus maître de la situation. Ma tête résonnait contre le bois du meuble, à tenter d'atténuer les assauts de sa bite débridée, tandis qu'entre ses fesses poilues, j'enfonçais mon index, déjà sur deux phalanges.

Et une sonnette retentit.

Arturo s'arracha de ma bouche et de mes doigts. Je n'osai plus bouger.

– Sors de là !

Paniqué, je m'extirpai du meuble, titubai sur place à cause du sang qui avait déserté mes jambes. Mon voisin réfléchissait vite. Il me traîna dans la chambre. On entendait une voix féminine l'appeler depuis le couloir d'entrée. Il ouvrit la porte coulissante de la penderie, me poussa dans l'angle, au milieu de vêtements suspendus. J'essayai de protester, il murmura fermement en me pinçant le bras :

– Tais-toi, ne bouge pas.

Grotesque. Je me sentais vraiment grotesque. Et terrifié d'être découvert. Je n'osais même plus respirer. Le seul moyen d'échapper à la claustrophobie était de me concentrer sur les sons extérieurs.

Alicia entra dans la chambre.

– Qu'est-ce que tu fais encore au lit à cette heure, gros fainéant ?

– Et toi, tu ne travailles pas ce matin ?

– J'ai oublié mes clefs en te quittant hier soir. J'ai fait un saut pendant ma pause…

Le matelas grinça. La copine semblait prête à tirer un affectueux profit de sa pause.

– En tout cas, tu as bien fait de sonner…

– Et pourquoi ça ?

– Parce que ça m'a laissé le temps de cacher ma maîtresse dans le placard !

Mon sang se glaça. Un coup d'oreiller répondit à sa provocation.

– Espèce de pervers !

Là, j'étais d'accord.

– Mais… Tu es tout excité, vieux cochon !

– Je rêvais de toi, ma petite cochonne !

Je vous épargne la liste du bestiaire et des vénales insultes que ces deux-là échangèrent, avant que d'en venir à de sensuelles et sonores explications. Le cauchemar se prolongeait. Je priai pour que mon voisin fût un éjaculateur précoce. À mesure que me grimpaient des fourmis dans les jambes et qu'augmentaient les bruits d'embrassades et de succion, je songeai que j'avais servi de mise en bouche à ce brave Arturo. À en croire mes oreilles, ce dernier démontrait une libido à toute épreuve et refusait de laisser passer la moindre occasion de jouir. Alicia n'en demandait pas tant.

– Non, Arturo, tu sais bien que je ne suis pas du matin…

Mais ses plaintes n'étaient pas entendues. Son amant devenant toujours plus entreprenant, n'en faisant qu'à sa bite, elle se débattait avec une force que je sentais de plus en plus mollissante. Ses grognements se transformaient en ronronnements de chatte languissante. Je ne voyais rien, mais imaginais beaucoup – et bandais à nouveau. J'étais plus à l'aise que dans le meuble de salle de bain, mais commençais aussi à manquer d'air.

Arturo dit :

– Surtout reste comme ça.

Et la penderie s'ouvrit !

Mon voisin me sourit, tendit le bras pour fouiller dans une poche de veste, trouva son bonheur et referma la porte coulissante, en laissant un jour.

L'action fut si brève que je n'eus pas le temps d'avoir peur. Les yeux papillonnant, je commençai à distinguer, d'un seul œil, fermant le second, le spectacle de la chambre. En levrette sur le bord du lit, la culotte au creux des genoux et la jupe relevée par-dessus tête, Alicia tortillait des fesses devant Arturo qui déchirait des dents la pochette d'un préservatif. Je respirais mieux et bénissais mon voisin de cet acte de charité, qui rendait cependant la situation encore plus périlleuse. Et je compris alors que ses intentions étaient plus complexes. Quand il eut enfilé la capote, puis sa copine, Arturo me lança un regard, le même que celui qu'il m'avait adressé dans le hall de l'immeuble, lors de notre première rencontre. Il me faisait voyeur de sa sexualité transgressive.

Sans équivoque, ses yeux me disaient : « Regarde ce que je peux faire et comme je le fais bien ! »

J'avais l'impression d'assister à une émission de téléachat, quand le présentateur opère la démonstration d'un nouveau gadget pour vous convaincre de sa parfaite fonctionnalité. Je n'avais pas besoin que l'on me vante la marchandise – déjà essayée et déjà adoptée ! Mais il n'en demeurait pas moins que je n'eus cédé ma place pour rien au monde. Après n'en avoir eu que le goût, coincé sous le lavabo, j'en avais désormais la vue, planqué dans la penderie.

Mon voisin était à son affaire dans le con d'Alicia. Son membre s'y cognait en variant la fréquence et la force des assauts, comme un pilon testant son mortier. Parfois, Arturo enfonçait sa queue en douceur, pénétrant jusqu'aux couilles, puis ressortait complètement, pour s'empaler à nouveau en se laissant tomber droit dans la fente. D'autres fois, il lutinait sans ressortir, dans un rythme si frénétique que son amie se mettait à hoqueter. D'autres fois encore, il cambrait ses reins en posant son gland à l'entrée, puis basculait en avant pour ramoner consciencieusement tout le conduit interne. L'œil pleurant à force de mater et la bite au garde-à-vous, j'évitais surtout de me toucher.

L'apothéose fut atteinte quand mon lubrique voisin exécuta ce que je rêvais qu'il me fît. Me jetant une nouvelle œillade, il mouilla son doigt de salive, le majeur, et l'enfonça en deux temps dans l'anus de sa partenaire. Celle-ci protesta vertement et se débattit. Mais Arturo tint bon la position, au contraire la força pour y glisser un second doigt et, quand il jugea l'ouverture suffisante, tout bonnement changea sa bite de trou. Ce qui constituait, à y repenser, une jolie métaphore de mon récent déménagement.

Le nouvel hébergement de la queue d'Arturo lui opposa, il faut bien le reconnaître, une certaine résistance. Il s'y logeait étroitement, et en ressortait plus vite qu'il n'était autorisé à y revenir. Mais la brave queue appréciait les difficultés, semblant même y puiser une vigueur décuplée. En ce qui me concerne, dans la situation de voyeur éperdu, le phénomène d'identification fonctionnait à plein. Certes ce n'était pas le mien, certes c'était celui d'une fille, mais un cul reste un cul, et ce qu'Arturo faisait subir à celui-ci relevait de la virtuosité pornographique.

Après qu'il eut joui, je me suis dit que, si j'avais été chez moi, j'aurais pu véritablement juger de la qualité d'insonorisation des murs de cet immeuble de construction récente.

* * *

Vous ne serez pas surpris d'apprendre qu'une fois son pied pris, Arturo renvoya son amie à ses activités extérieures, me libéra de la penderie, me raccompagna à la porte et prit congé, aussi naturellement que si nous venions de prendre le thé tous ensemble. Je passai quelques nuits agitées, me relevant raide comme un âne en rut, pour aller me soulager dans le lavabo – rien d'étrange à ce que ce meuble fût devenu pour moi un nouvel objet de fantasme.

Mais je n'avais pas l'intention de me perdre dans ces abus onanistes. Je devais agir, revoir Arturo, cette fois dans l'intimité de mon appartement, et surtout en ne lui cédant rien de la satisfaction de mes propres pulsions. J'élaborai plusieurs scénarii. Le prétexte d'une panne électroménagère ? Trop attendu. Une invitation gastronomique ? Trop risqué. Inutile de tergiverser, j'optai pour la manière directe, tout en réservant à cet hétéro auto-proclamé la possibilité de sauver les apparences. Bref, je l'invitai à venir visionner avec moi, dans mon canapé, un film porno – bisexuel.

– Alicia est sortie avec une copine au cinéma ? Pourquoi tu ne viendrais pas voir un porno chez moi ?

Évidemment, je l'ai dit comme ça ! Comment voulez-vous annoncer autrement un truc pareil ? L'idée l'enchanta, ouaip ! Au point que je craignis un instant qu'il n'apportât le pack de bières. De mon côté, j'avais tout prévu : les capotes dans le tiroir de la table basse, avec le tube de gel, une boîte de kleenex à portée de main, et même une serviette-éponge pliée sous le coussin du canapé. Tenant à mon confort, j'ai toujours préféré cadrer mes improvisations.

Alors nous sommes là, Arturo et moi, croquant des chips au paprika et sirotant du Coca light, devant mon écran grand format où deux compagnons de baise forniquent la même copine au gré des ouvertures accessibles à leur duo de bites. J'ai tamisé la lumière, allumé une bougie parfumée aux huiles essentielles et pas mis de slip sous mon jean. Mon voisin se régale avec concentration, me pousse du coude et se gratte les couilles, sans me laisser croire à une invitation. Guettant chacune de ses réactions, j'attends le tournant du scénario. C'est pour bientôt, je connais cette vidéo par cœur.

Sur l'écran, le grand brun se recule pour regarder son copain blond œuvrant à évaser le vagin de leur hôtesse, et se met à caresser le trou du cul. Du blond.

– Mais qu'est-ce qu'il me fait, l'enculé ?

– Non, lui c'est l'enculeur. Enfin, bientôt.

– Quoi ?

Nous étions parvenus à un point crucial de notre relation perverse. Arturo allait-il accepter l'incarnation audiovisuelle du fantasme qu'il me jouait depuis deux semaines ? Le message serait-il trop évident ? Je me suis dit, ça passe ou ça brasse. À tout prendre, je préférais une bonne fois son poing réel dans ma gueule plutôt que sa bite virtuellement dans mon cul ad vitam æternam. Il me regarda avec effarement. Je ressentis un frisson de panique. Puis, allez savoir pourquoi, je me demande encore comment – j'ai éclaté de rire. À cause des nerfs, d'abord. Puis du grotesque de la situation. Arturo n'a pu que rire aussi, c'était sa seule issue. Et j'avais presque gagné.

– Il va quand même pas défoncer son pote ?

– Fais-moi confiance : il ne va pas se gêner !

Mon voisin était hilare. Moi, je le trouvais de plus en plus irrésistible. Dans tous les sens de l'adjectif.

– Il lui fourre ses deux doigts !

– L'autre n'a pas l'air de s'en plaindre…

– Il lui met la langue maintenant !

– Quelle chance il a…

– En tout cas, la gonzesse, ça l'excite à mort.

– Il n'y a pas qu'elle !

Arturo ne releva pas, comme toutes mes allusions touchant à la partie gay du bi. Je jouais volontiers le jeu. Surveillant d'un œil la bosse au creux de son pantalon de survêtement, j'entrepris de me caresser la braguette ostensiblement. Mon voisin m'épiait tout autant et, dans cette ambiance de franche gauloiserie, s'autorisa à enserrer ses couilles d'une poigne ferme. L'atmosphère s'était considérablement réchauffée. Mais pas encore assez à mon goût. Prétextant un besoin naturel, j'en profitai pour monter le thermostat général.

– Tu n'as pas chaud ? Tu devrais enlever ton pull…

– J'peux pas, j'ai rien en dessous !

– Entre voisins, on ne va pas faire de manières.

– J'te préviens, ça risque de dauber, je transpire toujours pas mal, surtout à cause des poils.

– J'ai fait l'armée, tu sais, j'en ai senti d'autres.

– T'as fait l'armée, toi ?

– Évidemment ! Pourquoi pas ?

Il se montra sceptique. Quand son torse velu m'est apparu, les poils collant déjà sur sa peau humide, j'ai dû prendre sur moi pour ne pas me jeter sur les tétons roses pointant de sa toison, comme un marcassin sur les mamelles de sa laie. Les effluves ainsi libérés firent frémir mes narines. Je me sentais désormais à l'étroit dans mon jean. Complice, mon voisin flattait son début d'érection en l'allongeant contre le plat intérieur de sa cuisse.

Le trio dans la vidéo changea de configuration : le jeune homme brun debout laissait les langues respectives de la blonde et du blond à genoux se disputer la dégustation de sa queue tendue comme un sucre d'orge. Ce scénario me donnait de riches idées. Je tendis à Arturo ma cannette de soda :

– Tu peux me tenir ça, s'il te plaît ?

Et puisqu'il tenait déjà la sienne dans une main, il se retrouva les deux mains occupées. Alors j'allongeai la main gauche pour caresser son entre-jambe tandis que je continuais à me motiver moi-même de la main droite. Il eut un réflexe de recul momentané, puis reprit ses remarques dignes d'un commentateur sportif, qui ferait abstraction d'une partie de l'équipe.

– Quelle grosse gourmande, cette nana ! On sent qu'elle aime ça ! Regarde-moi ça comme elle y va ! Elle est increvable !

– L'autre se défend pas mal non plus.

Et pour lui prouver qu'une bouche masculine n'offrait pas moins d'agrément, je dégageai prestement sa bite de son survêtement et plongeai la tête entre ses cuisses pour l'enfourner avidement. Arturo déchargea son excitation croissante dans une logorrhée verbale :

– Oh, putain, elle est bonne, qu'est-ce qu'elle est bonne !

J'étais tout à fait disposé à confirmer, mais dans ma position, je dus me contenter d'acquiescer la bouche pleine. Je m'installai plus à mon aise, m'agenouillant sur le tapis devant mon voisin et prenant appui des deux mains sur ses cuisses pour mieux astiquer son membre révélé. Enfin, je pouvais à loisir pomper cette queue si longuement convoitée, à pleine langue, à pleine gorge, non plus coincé dans un meuble. Arturo dut libérer une de ses mains, car je sentis soudain une pression sur ma tête :

– Baisse-toi, je ne vois plus la télé.

Et moi, je songeais :

– Baise-moi, je ne veux plus de télé.

Prétexte ou pas, chaque fois que je remontais la bouche jusqu'à son gland, chaque fois il me le renvoyait dans les amygdales. Ma tête se prenait pour un bilboquet qui s'emboîte à tous les coups. Arturo ne parla plus, il soupirait, ronronnait, vrombissait. Occupé à déguster le levier de vitesse, je levai les mains sur le tableau de bord. De l'une, je lui dévissai la pointe des seins et de l'autre, je fourrageai dans les frisettes de son poitrail.

Soudain, je sentis deux larges paumes se plaquer sur mes tempes, empaler ma bouche si profond que j'en eus un haut-le-cœur. Arturo alors repoussa ma tête et me renversa violemment sur le tapis. Je manquai de me rompre les cervicales sur le bord de la table basse. Il me rattrapa par la taille, déboutonna et arracha mon jean, m'empoigna les cuisses et me cala contre son bassin, cherchant déjà à forcer son sexe entre mes fesses. Ce n'était plus un jeu, pas encore un viol, mais je plaquais une main sur sa figure pour le calmer.

– Hopopop !

De l'autre main, j'ouvris le tiroir de la table, en sortis le gel et les capotes. Il me laissait faire, le regard scotché sur l'écran bleuté se reflétant au-dessus de nos visages. En quelques secondes, j'avais habillé sa queue et lubrifié mon cul. J'écartai les cuisses, il y plongea sa bite à tête chercheuse. Ouh la la, son gland me déchira les entrailles et s'enfourna jusqu'à la garde sans crier gare! Je ne supportai que quelques estocades. Après, je me dégageai d'un coup de rein. Trop douloureux...

Je roulai sur le côté, préférant m'offrir à quatre pattes. Cambré au maximum, je lui facilitai l'enfilage et savourai enfin ma pleine possession de ses moyens. J'étais sa plus belle monture. Il m'empoigna par les cheveux, me claqua la fesse et s'emballa à fond de mon train. Il me mit le pétard en surchauffe et je vis des feux d'artifice sous mes paupières baissées. J'identifiais en sensations tout ce qu'il avait fait subir au plus petit trou de sa copine quand j'étais dans la penderie. Le coup de la queue entrant, sortant et rentrant tout entière, le coup du pilon fracassant, celui du ramonage en tous recoins, et d'autres encore non identifiés, mais fort appréciés, qui me mirent l'anus au court-bouillon et la prostate en extase.

Quand je rouvris les yeux, sur mon écran de télévision, le brun enculait le blond qui léchait la blonde. Nous étions quasiment raccords.

* * *

J'adore Arturo. Sa bite semble avoir été moulée pour habiter mon cul. Mais cette cohabitation devient un peu trop intense à mon goût. Nous baisons en moyenne tous les deux jours, chez lui, chez moi, derrière une porte, sur une table – sa libido est une boîte de Pandore que je commence à regretter d'avoir ouverte. Hier soir encore, mon voisin m'a coincé dans le parking et j'ai dû me laisser culbuter dans le local à poubelles.

Sérieusement, je songe à un nouveau déménagement.

# Table des matières

Achevé d'imprimer en août 2003
par l'imprimerie Lienhart à Aubenas
pour le compte de

H&O
ÉDITIONS

65 bis rue Victor Hugo 34500 Béziers
Tél. 04 99 43 05 52 - Fax 04 67 35 14 23
E.mail : heto1@wanadoo.fr
Internet : www.ho-editions.com

Dépôt légal : août 2003
N° d'imprimeur : 6880
Imprimé en France.